PIANO

Adventures® *de Nancy y Randall Faber*

EL MÉTODO BÁSICO PARA PIANO

Este libro pertenece a: _____

Traducido y editado por Isabel Otero Bowen
y Ana Cristina González Correa

Coordinador de producción: Jon Ophoff
Portada e ilustraciones: Terpstra Design, San Francisco
Grabado y tipografía: Dovetree Productions, Inc.

ISBN 978-1-61677-655-8

ÍNDICE

Haz un seguimiento de tu progreso: colorea o
pega una estrella al lado de cada pieza o ejercicio.

Cómo sentarse

1. ¿Estás sentado a la **DISTANCIA** correcta?

Para lograrlo:

- Siéntate derecho en la parte delantera de la banca.

- Cierra las manos y extiende los brazos. Tus nudillos deben tocar la parte frontal del piano. Si no alcanzas, debes ajustar la **posición** de la banca.

2. ¿Estás sentado a la **ALTURA** correcta?

Para lograrlo:

- Pon las manos sobre las teclas.

- Si los brazos no están al nivel del teclado, debes ajustar la **altura** de la banca.

3. ¿Estás **SENTADO DERECHO** pero relajado?

Para lograrlo:

- Mantén la espalda recta y relaja los hombros.

- ¿Puedes respirar profundamente con facilidad?

Esta debe ser tu postura para tocar el piano.

Técnica e interpretación, página 5 (¿Qué significa técnica?), página 6 (La postura perfecta)

La posición redonda de la mano

1. Extiende los dedos. Observa que algunos dedos son más largos que otros.

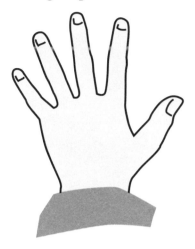

2. Ahora relaja y **redondea la mano.** Como por *arte de magia,* ¡ahora los dedos son iguales!

posición redonda o arqueada de la mano

Observa cómo la mano forma la letra C de "correcto".

Ejercicios de calentamiento
Para la posición de la mano:

3. Abre los dedos y luego ciérralos en una posición redonda. Hazlo varias veces diciendo: "abre, cierra", etc.

Continúa haciéndolo al ritmo del acompañamiento.

Para las muñecas:

4. Sube y baja las muñecas suavemente, manteniendo la **posición redonda de las manos**. Imagínate que salpicas gotas de agua con las puntas de los dedos.

Acompañamiento para el profesor (el alumno *abre* y *cierra* la mano al ritmo de la música):

Nota para el profesor: el acompañamiento le permite al alumno practicar la posición abierta y redonda de la mano con un pulso *estable.*

Técnica e interpretación, página 6 (Levanta el techo)

Los números de los dedos

Cada dedo tiene un número.

- Dibuja tus manos abajo. Escribe **M.I.** o **M.D.** dentro de cada mano.

- Numera cada uno de los dedos.

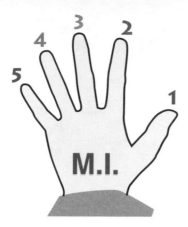

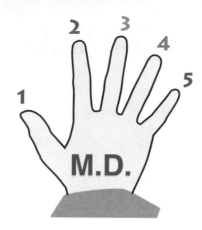

M.I. = Mano izquierda

M.D. = Mano derecha

Dibuja tu mano IZQUIERDA.

Dibuja tu mano DERECHA.

Juego de tarjetas

Sobre la TAPA CERRADA DEL PIANO:

- Toca con los dedos indicados en cada tarjeta, diciendo los números en voz alta. Repite cuatro veces cada tarjeta. Da golpecitos fuertes **manteniendo las puntas de los dedos firmes**.

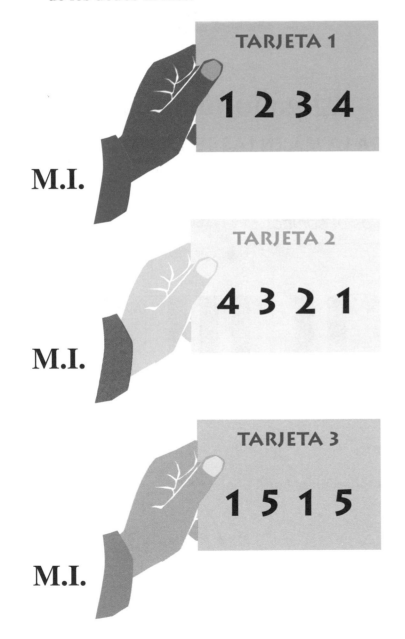

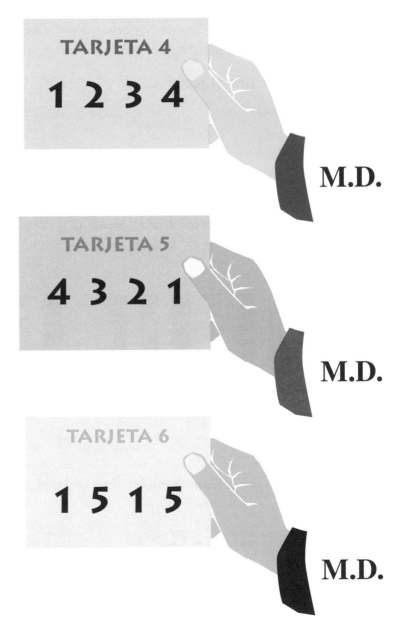

Pasos para practicar:

1. Tu profesor marcará un pulso estable sobre la tapa cerrada del piano. Imita el pulso con la **mano izquierda**.

2. Ahora marca un pulso estable con la M.I. para que tu profesor lo imite.

3. Empieza a tocar en la parte **central** del piano. Pon el pulgar detrás del dedo 3 como soporte y "picotea" todas las teclas blancas, BAJANDO hacia la izquierda.

   Esto es **BAJAR por el teclado.**

El gallo picotea

PARA LA M.I. EN LAS TECLAS BLANCAS

¡Mientras más bajas por el teclado, más grave es el sonido!

GRAVE ←

¡La **M.I.** mantiene un pulso estable!

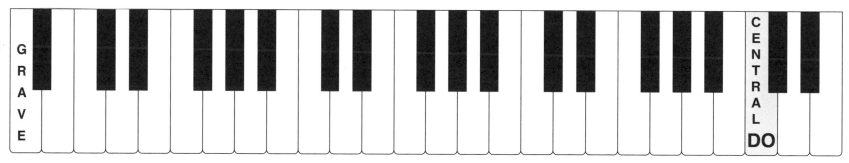

Acompañamiento para el profesor (el alumno comienza en el DO Central y toca negras hacia abajo):

Pasos para practicar:

1. Tu profesor marcará un pulso estable sobre la tapa cerrada del piano. Imita el pulso con la **mano derecha**.

2. Ahora marca un pulso estable con la M.D. para que tu profesor lo imite.

3. Empieza a tocar en la parte **central** del piano. Pon el pulgar detrás del dedo 3 como soporte y "picotea" todas las teclas blancas, SUBIENDO hacia la derecha.

Esto es **SUBIR por el teclado.**

La gallina picotea

PARA LA M.D. EN LAS TECLAS BLANCAS

¡La **M.D.** mantiene un pulso estable!

¡Mientras más subes por el teclado, más agudo es el sonido! → **AGUDO**

Acompañamiento para el profesor (el alumno comienza en el DO Central y toca negras hacia arriba):

Las teclas negras forman grupos de

2 y 3

En el TECLADO:

- Cuenta todos los grupos de DOS. _____ grupos
- Cuenta todos los grupos de TRES. _____ grupos

Dos hormigas negras

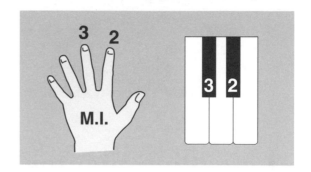

- Usa los **dedos 2 y 3 de la mano izquierda**. Toca los grupos de 2 teclas negras.

  Tu profesor te mostrará cómo.

Comienza en la parte
CENTRAL
del piano.

2
   3

| 2 |
| 3 |

Tócalos juntos.

Ne - gras son

BAJA al siguiente grupo.

2
   3

| 2 |
| 3 |

y al ca - var

b
 a
  j
   a
    n
     d
      o

2
   3

| 2 |
| 3 |

ba - jan a

2
   3

| 2 |
| 3 |

su ho - gar.

GRAVE

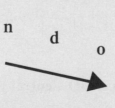

DESCUBRIMIENTO

La pieza comienza con un corto **patrón musical**. ¿Cuántas veces aparece? _____

Dos pájaros negros

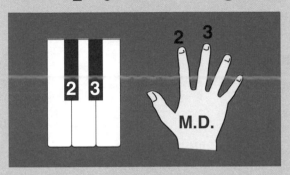

- Usa los **dedos 2 y 3 de la mano derecha**.
  Toca los grupos de 2 teclas negras.

  Tu profesor te mostrará cómo.

AGUDO

3 **3**
2 **2**

jun - tos   van.

SUBE al
siguiente grupo.

3 **3**
2 **2**

y al vo - lar

3 **3**
2 **2**

ne - gros son

o
d
n
e
i
b
u
s

Comienza en la parte
CENTRAL
del piano.

3 **3**
2 **2**

Mí - ra - los

DESCUBRIMIENTO

Convierte los dos pájaros negros en dos "copos de nieve".
Para hacerlo, desliza los dedos 2 y 3 hacia estas **teclas blancas**:
Usa esta nueva letra: "Co-pi-tos de cris-tal, al cie-lo lle-ga-rán".

M.D.

La cueva

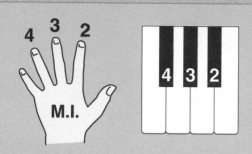

- Usa los **dedos 2, 3 y 4 de la mano izquierda**. Toca los grupos de 3 teclas negras.

  Tu profesor te mostrará cómo.

Comienza en la parte
CENTRAL
del piano.

2
  3
    4

2
3
4

Tócalos
juntos.

Ba - jan - do   voy,

BAJA al
siguiente grupo.

2
  3
    4

2
3
4

con   gran   va - lor.

2
  3
    4

2
3
4

 DESCUBRIMIENTO

Señala el **patrón musical** utilizado en esta pieza.
¿Cuántas veces aparece? _____ ✏

¡Qué os - cu - ri - dad!

GRAVE

12

Tres gatitos

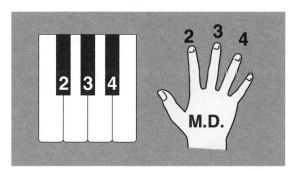

- Usa los **dedos 2, 3 y 4 de la mano derecha**.
  Toca los grupos de 3 teclas negras.

  Tu profesor te mostrará cómo.

AGUDO

```
4
3
2
```
¡Salta del teclado!

¡MIAU!

```
        4   4
    3       3
2           2
```
dan   sal - ti - tos,

SUBE al
siguiente grupo.

```
        4   4
    3       3
2           2
```
muy   bo - ni - tos

Comienza en la parte
CENTRAL
del piano.

```
        4   4
    3       3
2           2
```
Tres   ga - ti - tos

C R E A C I Ó N

Conversación entre gatitos
Tu profesor escogerá 2 teclas y las tocará diciendo: "¡MIA-AU!"
Escoge tú también 2 teclas y contéstale: "¡MIA-AU!"
Después de varios turnos, termina saltando con tus
"patitas" del teclado a tus piernas.

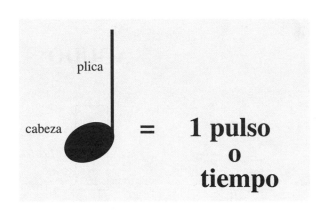
La negra

La música, como tu corazón, tiene un "latido" o pulso constante.
Este pulso puede ser lento, moderado o rápido, pero siempre debe
ser estable.

Si contamos con un pulso estable, tenemos RITMO.

plica

cabeza = **1 pulso
o
tiempo**

1. Marca el ritmo y
cuenta en voz alta: o **Ta   Ta   Ta   Ta**

1   1   1   1

2. Toca **negras** con un pulso estable en cualquier tecla
del piano. Cuenta en voz alta.
Si tu profesor tiene un metrónomo, marca las negras ♩
siguiendo su pulso estable.

3. Dibuja tres negras para la **M.D.**
La plica va hacia arriba por el lado derecho.

Escribe **1** debajo de cada nota.

Ej. __1__ tiempo   ____ tiempo   ____ tiempo   ____ tiempo

4. Dibuja tres negras para la **M.I.**
La plica va hacia abajo por el lado izquierdo.

Escribe **1** debajo de cada nota.

Ej. __1__ tiempo   ____ tiempo   ____ tiempo   ____ tiempo

Pasos para practicar:

1. Marca el ritmo diciendo:
   "derecha-izquierda-derecha-izquierda", etc.

2. Toca y cuenta "un, un", o canta la letra.

3. Toca en diferentes registros del piano.

El reloj viejo

*¡Mantén la mirada en
la música!*

Toca 3/2 juntos

notas repetidas

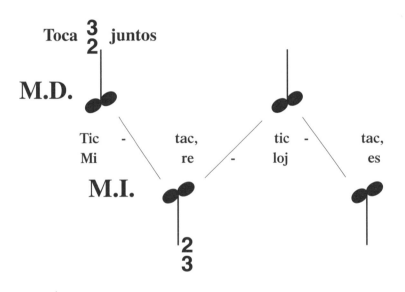

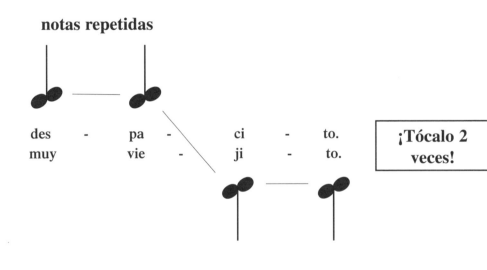

Tic - tac,	tic - tac,	des - pa - ci - to.
Mi re - loj	es	muy vie - ji - to.

M.D.

M.I.

¡Tócalo 2 veces!

C R E A C I Ó N Para terminar, toca las "campanadas" del reloj en el piano. Escoge una hora y toca los grupos de 2
teclas negras **con ambas manos**. Experimenta con el sonido de las "campanadas" manteniendo
presionado el pedal derecho (pedal de resonancia).

Acompañamiento para el profesor (el alumno toca en el *registro central* del piano):

Pasos para practicar:

1. Encuentra la posición de la mano.

2. Para calentar, toca las últimas cuatro negras de la M.I. ¿Puedes balancear el cuarto dedo sobre su punta?

3. Toca diciendo los números de los dedos o cantando la letra.

Encuentra las teclas

El equilibrista

nota repetida
(con el mismo dedo)

M.D. 2   3   4   3

Ca - mi - nan - do   por   la   cuer - da,

¡ten   cui - da - do   no   te   cai - gas!

M.I. 2   3   4

(con el mismo dedo)

La **doble barra** indica el final de la pieza (línea delgada, línea gruesa).

DESCUBRIMIENTO Desliza los dedos **2-3-4** hacia arriba y toca la canción en estas teclas blancas:

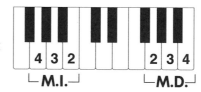

Acompañamiento para el profesor (el alumno toca en el *registro central*):

mp

La blanca

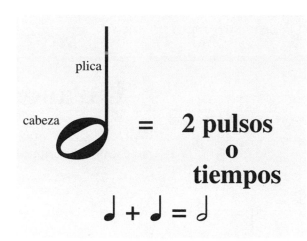

plica

cabeza

$= $ **2 pulsos**
o
tiempos

♩ + ♩ = 𝅗𝅥

1. Marca el ritmo y
cuenta en voz alta:

1-2   **1-2**   **1-2**   **1-2**

Siente los dos tiempos: **Ta-a**   **Ta-a**   **Ta-a**   **Ta-a**

2. Toca **blancas** con un pulso estable en cualquier tecla.
¡Cuenta en voz alta y siente el pulso!
Marca las blancas 𝅗𝅥 siguiendo el pulso estable del metrónomo.

3. Dibuja tres blancas para la **M.D.**
La plica va hacia arriba por el lado derecho.

Escribe **1-2** debajo de cada nota.

Ej. <u>1-2</u>
     tiempos   tiempos   tiempos   tiempos

4. Dibuja tres blancas para la **M.I.**
La plica va hacia abajo por el lado izquierdo.

Escribe **1-2** debajo de cada nota.

Ej. <u>1-2</u>
     tiempos   tiempos   tiempos   tiempos

DESCUBRIMIENTO Cierra los ojos y escucha. Tu profesor comenzará tocando **blancas** y luego cambiará a **negras**.
Cuando escuches el cambio, di: "negras". Continúa nombrando cada cambio que escuches.

17

Pasos para practicar:

1. Sobre la *tapa cerrada del piano*, toca el ritmo de la pieza con la digitación indicada.

2. Toca y cuenta en voz alta: "un, un, un-dos".

3. Toca y canta la letra.

Usa estos mismos pasos para practicar las siguientes piezas.

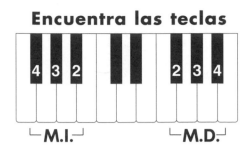

Encuentra las teclas

Caracol

Música: Nancy Faber
Letra: rima tradicional

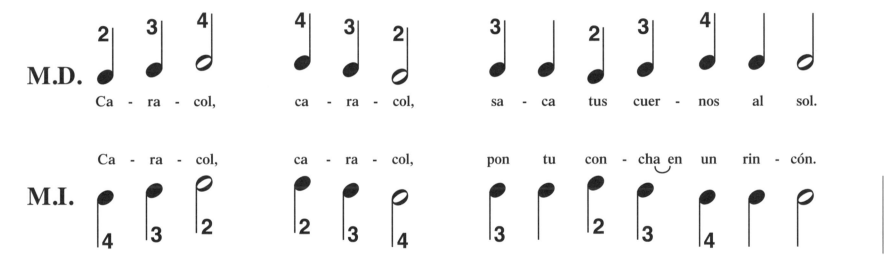

M.D.

Ca - ra - col, ca - ra - col, sa - ca tus cuer - nos al sol.

Ca - ra - col, ca - ra - col, pon tu con - cha en un rin - cón.

M.I.

DESCUBRIMIENTO El **patrón rítmico** ♩♩♩ ocurre *seis* veces.
Enciérralo en un círculo cada vez que aparece.

Acompañamiento para el profesor (el alumno toca en el *registro agudo*):

Técnica e interpretación, páginas 8-9, 10

Los sonidos fuertes y suaves hacen la música más interesante.

Forte significa **fuerte**.

$\boldsymbol{f}$ = *forte*

Piano significa **suave**.

$\boldsymbol{p}$ = *piano*

└─M.I.─┘   └─M.D.─┘

El eco

- Encierra en círculos los signos $\boldsymbol{f}$ y $\boldsymbol{p}$ en la partitura.

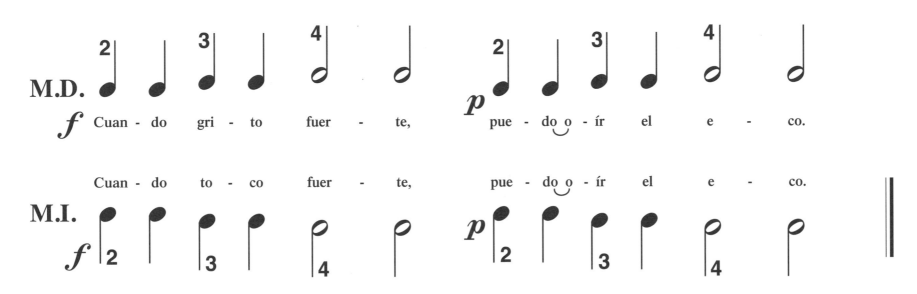

M.D.

2 3 4

$\boldsymbol{f}$ Cuan - do gri - to fuer - te, $\boldsymbol{p}$ pue - do o - ír el e - co.

Cuan - do to - co fuer - te, pue - do o - ír el e - co.

M.I.

$\boldsymbol{f}$ 2 3 4 $\boldsymbol{p}$ 2 3 4

DESCUBRIMIENTO El **patrón rítmico** ♩♩♩ ♩ ♩ ocurre *cuatro* veces.

Enciérralo en un círculo cada vez que aparece.

Acompañamiento para el profesor (el alumno toca *1 octava más alto*):

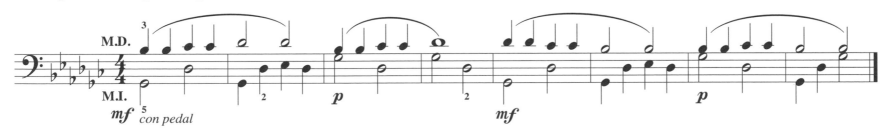

M.D.
3
M.I.
$\boldsymbol{p}$ $\boldsymbol{p}$
$\boldsymbol{mf}$ 5 *con pedal* $\boldsymbol{mf}$

La redonda

cuatro **four** **vier** **quatre**

$\mathbf{o}$ = 4 pulsos o tiempos

♩ + ♩ + ♩ + ♩ = o

1. Marca el ritmo y cuenta en voz alta:

$\mathbf{o}$
1-2-3-4

$\mathbf{o}$
1-2-3-4

Siente los cuatro tiempos: Ta - a - a - a   Ta - a - a - a

2. Toca **redondas** con un pulso estable en cualquier tecla del piano. ¡Cuenta en voz alta y siente el pulso!

Encuentra las teclas

└M.I.┘   └M.D.┘

Signo de repetición
Estos dos puntos significan que debes regresar al principio y tocar una vez más.

El granjero (Old MacDonald)

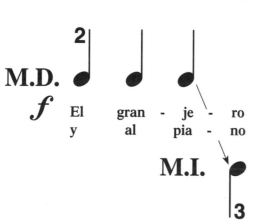

M.D. **f**

El gran - je - ro   ya sem - bró,
y   al pia - no   se sen - tó,

M.I.

M.D.

i - a - i - a - O   (2 - 3 - 4)

20 Técnica e interpretación, páginas 11, 12-13

Los nombres de las notas

Las teclas blancas forman grupos de 7 notas.
Cada una de ellas tiene su nombre.

Los **nombres de las 7 notas** son:

DO RE MI FA SOL LA SI

• Escribe los nombres de las 7 notas: _____ _____ _____ _____ _____ _____ _____

¿Y vuelves a empezar con?

Ejercicio de calentamiento

Toca todas las teclas blancas, **diciendo** el nombre de cada una.
La M.I. toca las notas *graves*, la M.D. las *agudas*.

1. Pon el pulgar detrás del dedo 3 como soporte.
Comienza en el **DO** más grave del piano.
Di: "DO, RE, MI, FA, SOL, LA, SI", etc.

2. Cuando llegues a la *mitad* del teclado,
cambia de mano. Continúa subiendo
por el teclado hasta la tecla más aguda: **DO**.

Nota para el profesor: use esta página como referencia. Los ejercicios de las páginas 23 y 25 reforzarán el aprendizaje
de los nombres de las notas.

¡Aprende DO-RE-MI!

DO-RE-MI son las 3 teclas blancas que rodean
cada grupo de 2 teclas negras.

DO RE MI

- Encierra en un círculo cada grupo de 2 teclas negras en el
teclado que aparece a continuación.

- Luego, busca las teclas **DO-RE-MI** y escribe sus nombres.

Ej.

DO RE MI

Los globos

Comienza en el *registro grave* y toca este
patrón de tres notas *subiendo* por el teclado.

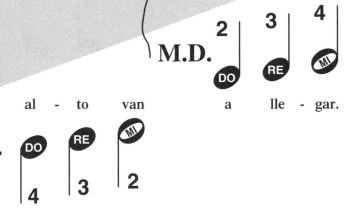

M.D. 2 3 4
DO RE MI

al - to van   a lle - gar.

M.I. DO RE MI
4   3   2

(la M.I. cruza sobre la M.D.)

M.D. 2 3 4
DO RE MI

que al vo - lar

f
Suél - ta - los,

M.I. DO RE MI
4   3   2

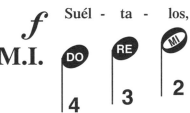

DESCU**BRI**MIENTO ¿Puedes regresar *bajando*
por las mismas teclas, mientras
dices los **nombres de las notas**? **MI - RE - DO**

23

Pasos en el teclado

Para dar un **PASO** en el teclado, debes ir...

de una tecla a la siguiente	de un dedo al siguiente	de una nota a la siguiente
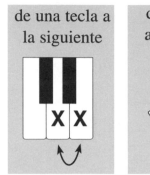	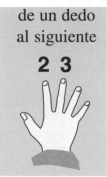	

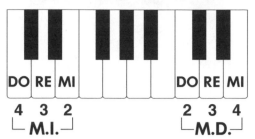

Encuentra las teclas

DO RE MI ... DO RE MI
4 3 2 — M.I. — 2 3 4 — M.D.

Remando por el mar

M.D. f

4	3	2	3									
MI	RE	DO	RE	MI	MI	MI	RE	RE	RE	MI	MI	MI
Voy	re -	man -	do	por	el	mar,	por	el	mar,	por	el	mar.

M.I.

Voy	re -	man -	do	por	el	mar,	ba -	jo el	cie -	lo a -	zul. (2 - 3 - 4)
MI	RE	DO	RE	MI	MI	MI	RE	RE	MI	RE	DO
2	3	4	3								4

DESCUBRIMIENTO

¿Dónde **suben**, **bajan** o se **repiten** las notas? ¡Ahora toca la canción en el grupo de 3 teclas negras!

Acompañamiento para el profesor (el alumno toca en el *registro agudo*):

¡Aprende FA-SOL-LA-SI!

FA-SOL-LA-SI son las 4 teclas blancas
que rodean cada grupo de 3 teclas negras.

- Encierra en un círculo cada grupo de 3 teclas negras.

- Luego, busca las teclas **FA-SOL-LA-SI** y escribe sus nombres.

FA SOL LA SI

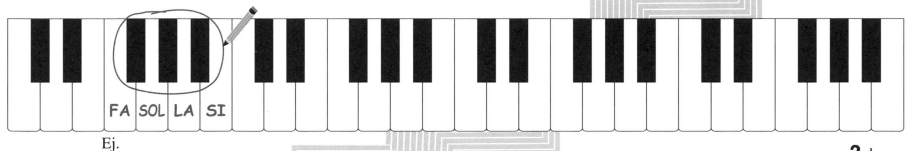

FA SOL LA SI

Ej.

La escalera eléctrica

Comienza en el *registro grave* y toca este
patrón de cuatro notas, *subiendo* por el teclado.
Practica el cruce de manos, haciendo que
la M.I. flote sobre la M.D. muy suavemente.

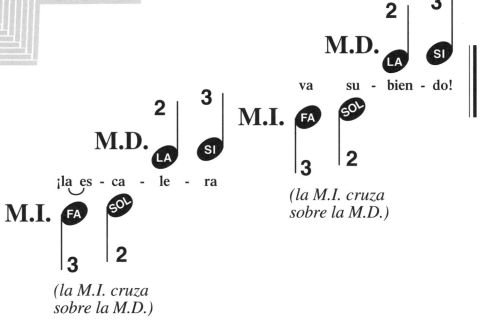

M.D. 2 LA 3 SI

va   su - bien - do!

M.I. 3 FA 2 SOL

*(la M.I. cruza
sobre la M.D.)*

M.D. 2 LA 3 SI

¡la es - ca - le - ra

M.I. 3 FA 2 SOL

*(la M.I. cruza
sobre la M.D.)*

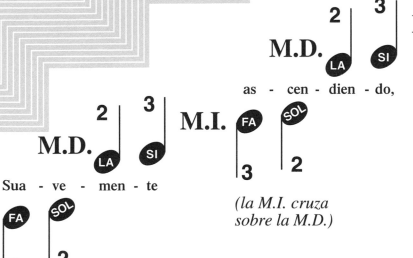

M.D. 2 LA 3 SI

as - cen - dien - do,

M.I. 3 FA 2 SOL

*(la M.I. cruza
sobre la M.D.)*

M.D. 2 LA 3 SI

Sua - ve - men - te

M.I. FA SOL

f 3 2

DESCUBRIMIENTO

¿Puedes regresar *bajando*
por las mismas teclas, mientras
dices los **nombres de las notas**?
SI - LA - SOL - FA

En la música, una **escala** es como una escalera para subir o bajar de una nota a la siguiente.

La **escala de DO de 5 dedos** sube desde el DO. DO es la nota *más baja* en cada mano.

DO es la primera nota de la escala.

Escala de DO de 5 dedos

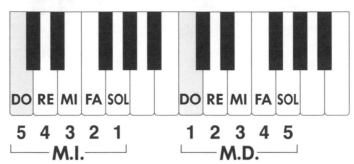

| DO | RE | MI | FA | SOL | | DO | RE | MI | FA | SOL |

5 4 3 2 1   1 2 3 4 5
⎣——— M.I. ———⎦   ⎣——— M.D. ———⎦

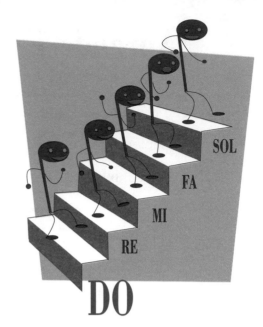

Marcha en DO

¿Cuál de las manos comienza? _____

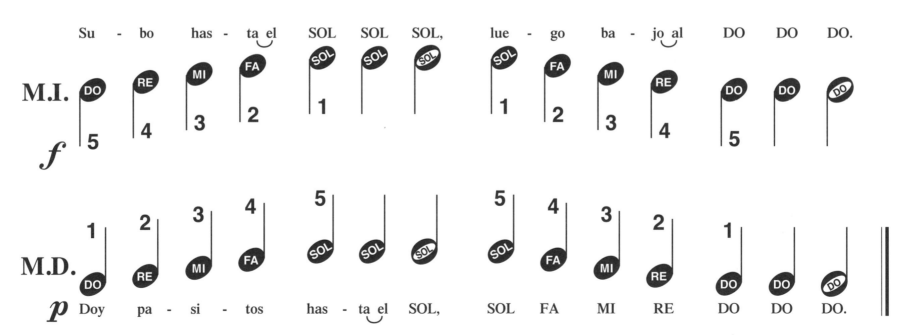

M.I.   Su - bo   has - ta el   SOL SOL SOL,   lue - go   ba - jo al   DO   DO   DO.

M.D.   Doy   pa - si - tos   has - ta el SOL,   SOL FA MI RE   DO DO DO.

DESCUBRIMIENTO Pon las manos sobre las piernas. Tu profesor cerrará los ojos. Encuentra rápidamente en el piano una **escala de DO de 5 dedos** *con cada mano*. Di: "listo" y tu profesor revisará si estás en la posición correcta.

El compás

En la música, los tiempos (o pulsos) se agrupan en *compases*. Todos los compases tienen la MISMA cantidad de tiempos.

Las *barras de compás* dividen la música en compases.

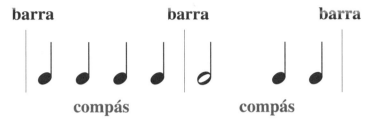

barra   **barra**   **barra**

compás   compás

Los tres marcianos

Escala de DO de 5 dedos

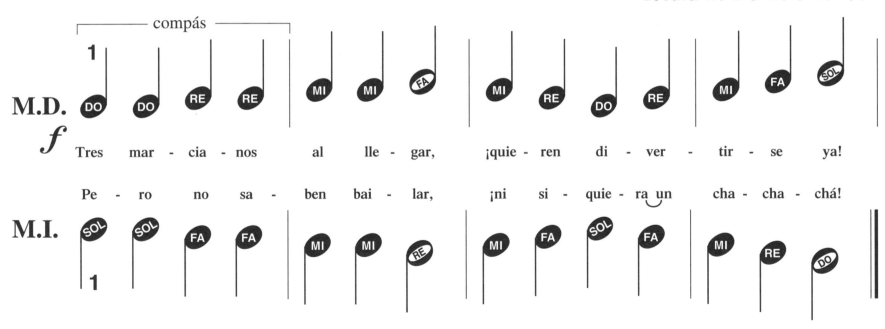

M.D. f

Tres - mar - cia - nos al lle - gar, ¡quie - ren di - ver - tir - se ya!

Pe - ro no sa - ben bai - lar, ¡ni si - quie - ra un cha - cha - chá!

M.I.

Acompañamiento para el profesor (el alumno toca en el *registro agudo*):

Matices

Recuerda: p significa suave, f significa fuerte.
Estos signos se llaman **matices** (o **dinámicas**).

Un nuevo matiz entre p y f es:
$mf = mezzo\ forte$ (medio fuerte)

Himno a la alegría

Escala de DO de 5 dedos

Ludwig van Beethoven
(1770–1827, Alemania)

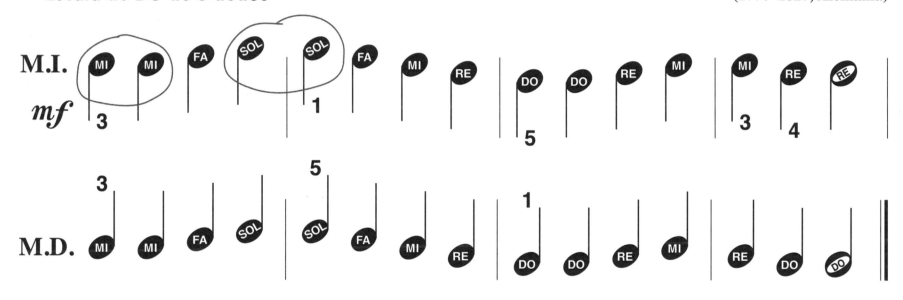

DESCUBRIMIENTO Encuentra y encierra en círculos 7 pares más de notas repetidas.
Ahora explora diferentes **matices**. Toca el *Himno a la alegría* p, luego f y por último mf.

Acompañamiento para el profesor (el alumno toca en el *registro agudo*):

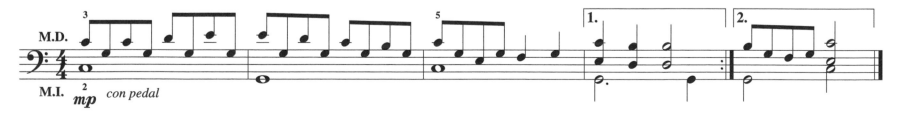

Técnica e interpretación, páginas 18-19, 20-21, 22-23

- Comienza con el **pulgar izquierdo** en el DO Bajo y el **pulgar derecho** en el DO Central.
(También puedes comenzar con ambos pulgares en el DO Central).

Encuentra las teclas

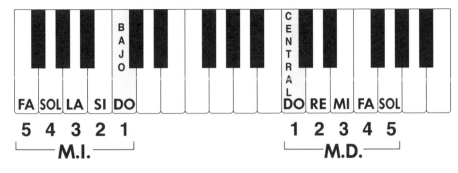

Sobre las olas

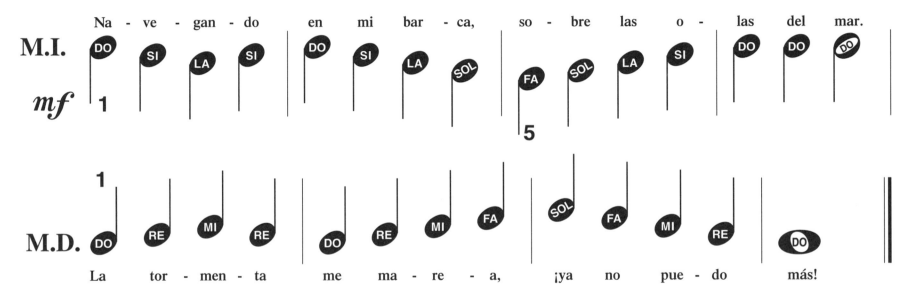

M.I.

mf

Na - ve - gan - do en mi bar - ca, so - bre las o - las del mar.

DO SI LA SI DO SI LA SOL FA SOL LA SI DO DO DO

M.D.

DO RE MI RE DO RE MI FA SOL FA MI RE DO

La tor - men - ta me ma - re - a, ¡ya no pue - do más!

CREACIÓN Toca con el acompañamiento e imagínate que el motor de tu barca está averiado. Tu profesor variará la velocidad tocando más lento o más rápido. *Escucha* y trata de seguirlo. Luego cambien de rol: juega con la velocidad de la melodía, mientras tu profesor te sigue.

Acompañamiento para el profesor (el alumno toca en el *registro agudo,* con ambos pulgares compartiendo el DO):

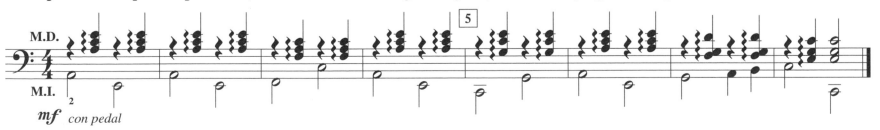

La blanca con puntillo

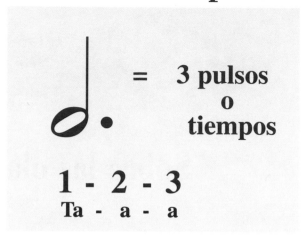

= 3 pulsos
o
tiempos

1 - 2 - 3
Ta - a - a

Con mi tambor

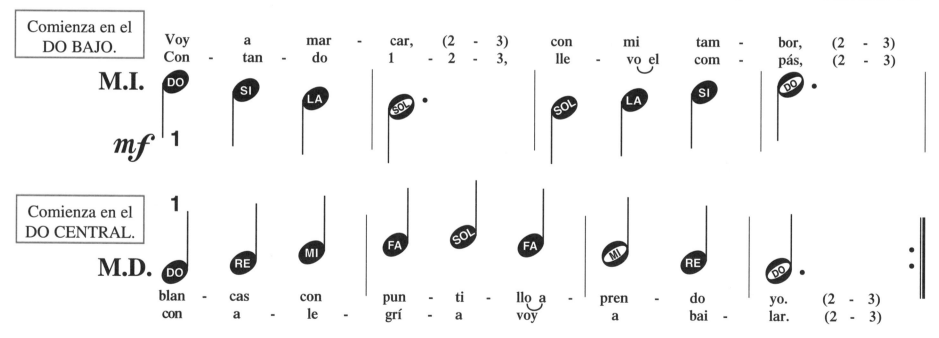

Comienza en el DO BAJO.

Voy a mar - car, (2 - 3) con mi tam - bor, (2 - 3)
Con - tan - do 1 - 2 - 3, lle - vo el com - pás, (2 - 3)

M.I.

mf 1

DO SI LA SOL · SOL LA SI DO ·

Comienza en el DO CENTRAL.

1

M.D.

DO RE MI FA SOL FA MI RE DO ·

blan - cas con pun - ti - llo a - pren - do yo. (2 - 3)
con a - le - grí - a voy a bai - lar. (2 - 3)

Acompañamiento para el profesor (el alumno toca en el *registro grave*):

8va siempre

mp

30

Consejos para estudiar el ritmo:

- Encierra en un círculo cada una de las **blancas con puntillo** de esta pieza.
- Escribe "1-2-3" debajo de cada una.

Alouette (Alondrita)

Escala de DO de 5 dedos

Canción tradicional de Francia

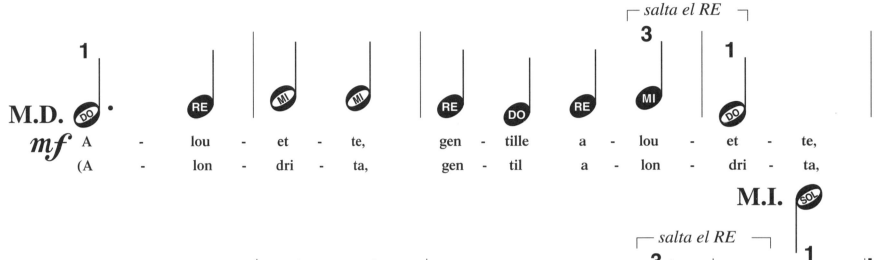

salta el RE

M.D.
mf
A - lou - et - te, gen - tille a - lou - et - te,
(A - lon - dri - ta, gen - til a - lon - dri - ta,

M.I.

salta el RE

M.D.
A - lou - et - te, Je te plu - me - rai.
A - lon - dri - ta, plu - mas te pon - dré.)

DESCUBRIMIENTO

Encierra en un círculo este **patrón rítmico** las dos veces que aparece en la música:

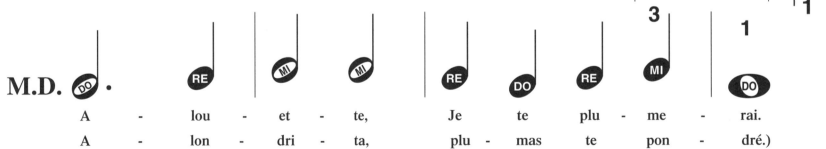

Acompañamiento para el profesor (el alumno toca en el *registro agudo*):

1. Encierra en un círculo la mano correcta y el número del dedo que señala la flecha.

 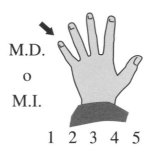 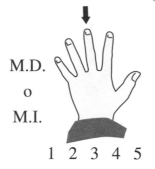 

M.D. o M.I. 1 2 3 4 5   M.D. o M.I. 1 2 3 4 5   M.D. o M.I. 1 2 3 4 5   M.D. o M.I. 1 2 3 4 5

2. Colorea la tecla blanca que está un **paso** hacia *arriba* o hacia *abajo* de la X. Luego escribe los nombres de ambas notas en los espacios.

un paso hacia arriba   un paso hacia abajo   un paso hacia abajo   un paso hacia arriba   un paso hacia abajo

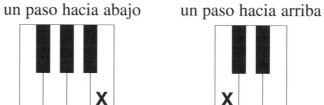 

___ ___   ___ ___   ___ ___   ___ ___   ___ ___

3. Escribe los tiempos debajo de cada nota. Luego marca los ritmos sobre la tapa cerrada del piano y cuenta en voz alta.

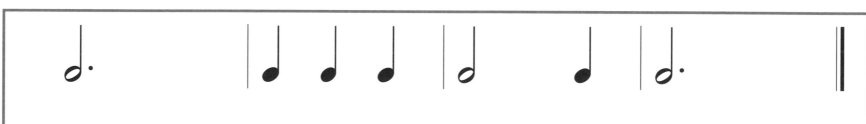

Ej. 1 - 2   1   1

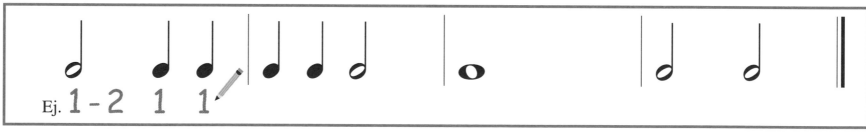

¿Ritmo A o B?

Tu profesor marcará el **ritmo a** o **b**. *Escucha* y encierra en un círculo el ritmo que oigas.

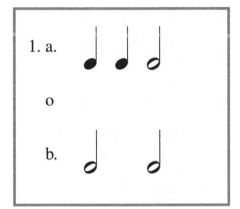

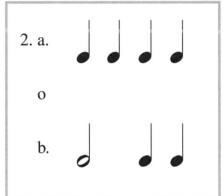

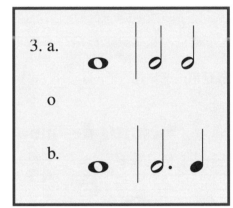

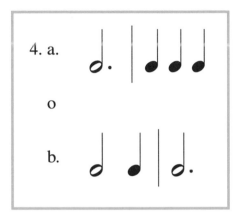

¿Cuál es el matiz?

Tu profesor tocará un ejemplo musical.
Escucha y encierra en un círculo el matiz que oigas.

1. f , mf o p 2. f , mf o p 3. f , mf o p

Nota para el profesor: los ejemplos se pueden tocar p, mf o f. También se pueden repetir los ejercicios usando diferentes matices.

Marcha eslava

Estrellita (Twinkle, Twinkle Little Star)

5ta Sinfonía de Beethoven

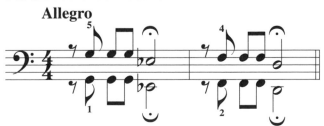

El pentagrama

Esto es un pentagrama. Está formado por **5 LÍNEAS** y **4 ESPACIOS**.

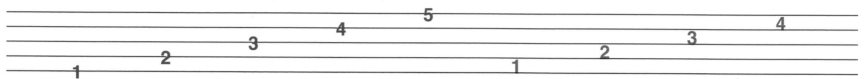

1. Señala con un lápiz cada **línea** y di su número en voz alta. Luego haz lo mismo con los **espacios**.

Notas de línea

La línea atraviesa el *centro* de la nota.

Notas de espacio

La nota *llena* el espacio en el pentagrama.

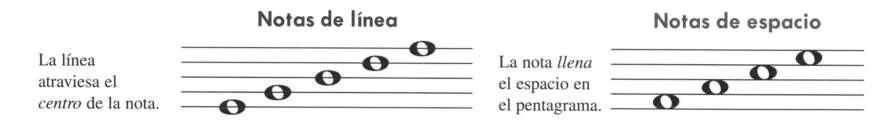

2. En los pentagramas de arriba, colorea una "nota de línea", o una "nota de espacio", de acuerdo con lo que te indique tu profesor.

El sistema para piano

La música para piano se escribe en dos pentagramas unidos por una llave que se llaman **SISTEMA**.

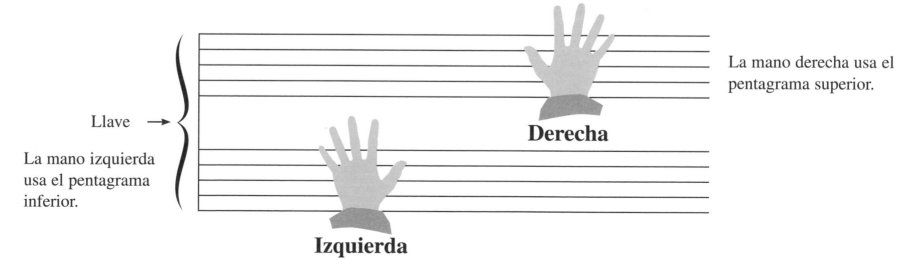

Llave →

La mano izquierda usa el pentagrama inferior.

La mano derecha usa el pentagrama superior.

Derecha

Izquierda

Clave de FA

𝄢 Esta es la **Clave de FA**. Se llama así porque señala la nota FA.

Se dibuja en el pentagrama inferior y se usa para escribir las notas *graves* que quedan a la **IZQUIERDA del DO Central**.

Sostén el dedo 3 de la M.I. con el pulgar:

1. Empieza en el DO Central y toca todas las notas con clave de FA hacia abajo.

Clave de SOL

𝄞 Esta es la **Clave de SOL**. Se llama así porque señala la nota SOL.

Se dibuja en el pentagrama superior y se usa para escribir las notas *agudas* que quedan a la **DERECHA del DO Central**.

Sostén el dedo 3 de la M.D. con el pulgar:

2. Empieza en el DO Central y toca todas las notas con clave de SOL hacia arriba.

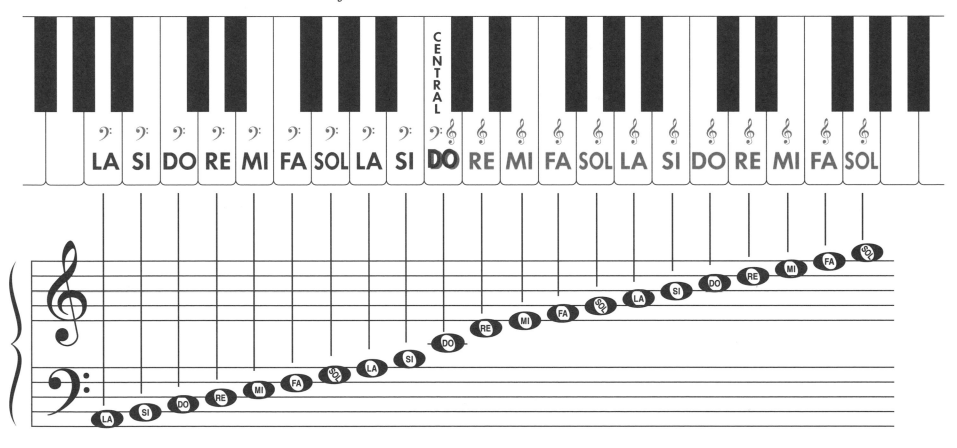

Nota para el profesor: esta página es solamente de orientación. Los alumnos aprenderán las notas gradualmente a lo largo del método.

El DO Central

El DO Central se escribe sobre una *línea corta* entre los dos pentagramas.

- Repinta la línea corta con un lápiz.

- Ahora dibuja dos DO Centrales más.

La marcha del DO Central

Toca con la M.D.

El DO Central está más cerca del pentagrama superior.

notas repetidas

② *Cambia de dedo* *

③

Toca con la M.I.

El DO Central está más cerca del pentagrama inferior.

Acompañamiento para el profesor:

***Nota para el profesor:** los cambios de dedo impiden que el alumno asocie ciertas notas (por ejemplo DO Central) con dedos específicos (por ejemplo el pulgar).

La clave de SOL

La clave de SOL se dibuja sobre la segunda línea del pentagrama y le da el nombre a la nota SOL.

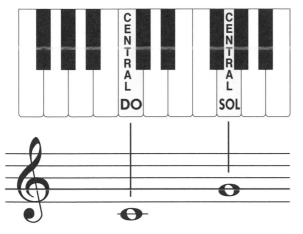

La línea de SOL

¡Aprende el SOL Central!
Encuentra el primer SOL *arriba* del DO Central.
Toca DO y SOL con los dedos 1 y 5 de la M.D. alternándolos varias veces.

Diez segundos

Ligero

¿1 en?___ *(escribe)*   ¿5 en?___   *Repite* ***p***.

f Me en - can - ta   la can - ción,   es de cor - ta   du - ra - ción:
p diez se - gun - dos   na - da más,   ¡no te a - bu - rri -   rás ja - más!

DESCUBRIMIENTO

¿Puedes tocar esta canción en solo diez segundos, incluyendo la repetición? ¡Buena suerte!

Acompañamiento para el profesor:

M.D.
M.I.
mf - *pp* *al repetir*

37

DO y SOL juntos

En esta pieza, la mano derecha toca el DO Central y el SOL Central al mismo tiempo. Observa cómo ambas notas están unidas por la misma plica. ¿Puedes mostrarle a tu profesor los compases donde DO y SOL se tocan juntos?

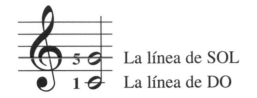

La línea de SOL
La línea de DO

¡Bip, bip!

Agitado

Toca DO y SOL juntos.

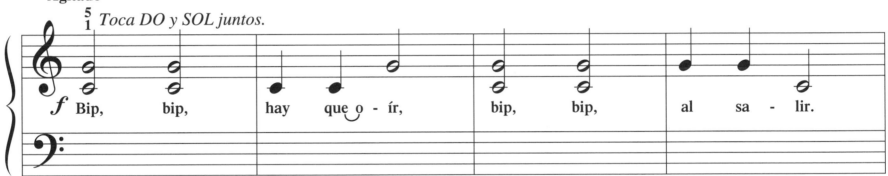

f Bip,   bip,   hay   que o - ír,   bip,   bip,   al   sa - lir.

número de compás [5]

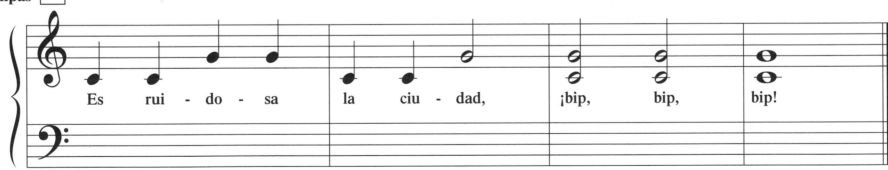

Es   rui - do - sa   la   ciu - dad,   ¡bip,   bip,   bip!

Acompañamiento para el profesor:

mf

Ejercicio de digitación:

- Toca el **DO Central** con la M.I. usando los dedos 1, 2 y 3 sucesivamente.

- Toca el **SOL Central** con la M.D. usando los dedos 1, 2 y 3 sucesivamente.

- ¿Qué dedos tocan estas notas en *Amigos de verdad*?

Amigos de verdad

Rápido

Tócalos juntos.

DO y SOL, jun - tos van, son a - mi - gos de ver - dad.

La can - ción to - ca - rán con pres - te - za y sua - vi - dad.

DESCUBRIMIENTO ¿Puedes tocar *Amigos de verdad* usando solo el **dedo 2** de cada mano? ¿El **dedo 4**?
Asegúrate de mantener firmes las puntas de los dedos.

Acompañamiento para el profesor:

f - p al repetir

Cómo dibujar la clave de SOL

Dibujar la clave de SOL es muy divertido.

• Dibuja sobre las líneas punteadas.

Empieza aquí

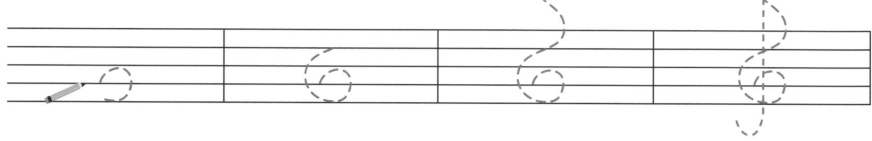

1. Dibuja un semicírculo hacia la derecha, comenzando en la segunda línea: la **línea de SOL**.

Continúa subiendo por el pentagrama hasta la cuarta línea. ¿Te das cuenta de que tu dibujo se parece a un caracol?

Gira hacia la izquierda y haz otro semicírculo.

Baja hacia la primera línea. Termina con una curva hacia la izquierda, por debajo del pentagrama.

2. Ahora dibuja *nueve* **claves de SOL** sin ayuda. Repinta la **línea de SOL** en cada pentagrama y toca SOL en el piano.

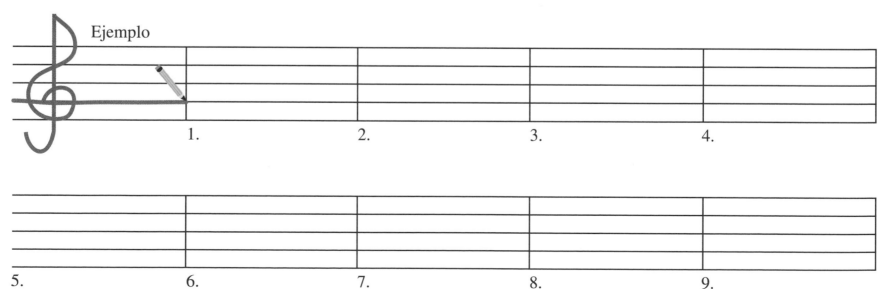

Ejemplo

1.   2.   3.   4.

5.   6.   7.   8.   9.

Tocar a primera vista significa tocar algo que nunca has visto antes.

Estos tres pasos te ayudarán a hacerlo correctamente:

1. COLOCAR LA MANO EN LA POSICIÓN CORRECTA

Encuentra la primera nota de la pieza.

2. CONTEO

Cuenta o marca un pulso estable antes de comenzar. Por ejemplo: "un, dos, tres, ¡y!"

3. CONCENTRACIÓN

Enfócate en las notas y siente el pulso estable.

Más sonidos de la ciudad

- En cada línea, encierra en un círculo el compás que es **igual al primero.**

- Luego lee a primera vista todos los compases de cada renglón.
  ¿Puedes hacerlo sin parar para crear una melodía?

 Tu profesor tocará **un compás** de cada línea. *Escucha atentamente* y encierra en un círculo el compás que oigas.

41

La clave de FA

La clave de FA se dibuja sobre la cuarta línea del pentagrama inferior y le da el nombre a la nota FA.

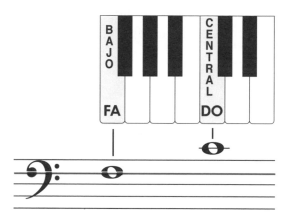

¡Aprende el FA de la clave de FA!

Encuentra el primer FA *debajo* del DO Central. Toca DO y FA con los dedos 1 y 5 de la M.I., alternándolos varias veces.

La línea de FA:

los dos puntos ayudan a encontrar la línea de FA.

El gorila Musta-FA

Alegre

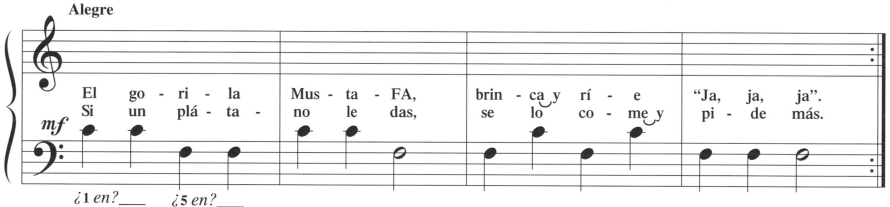

El go - ri - la
Si un plá - ta -
Mus - ta - FA,
no le das,
brin - ca y rí - e
se lo co - me y
"Ja, ja, ja".
pi - de más.

mf

¿1 en?____   ¿5 en?____

DESCUBRIMIENTO

¿Puedes tocar esta pieza con **ambas manos**? (La M.D. toca un DO y un FA más agudos).

Acompañamiento para el profesor:

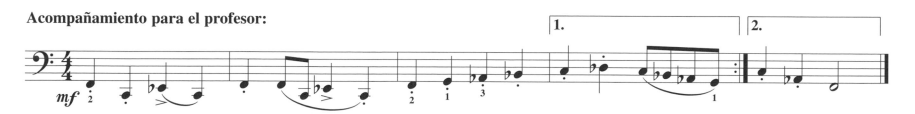

Ejercicio de digitación:

- Con la mano izquierda, toca el **FA** con el dedo 5, luego con los dedos 4, 3, 2 y 1 sucesivamente.

- ¿Qué dedo toca la nota FA en *Mi invento?*

Mi invento

Como una máquina

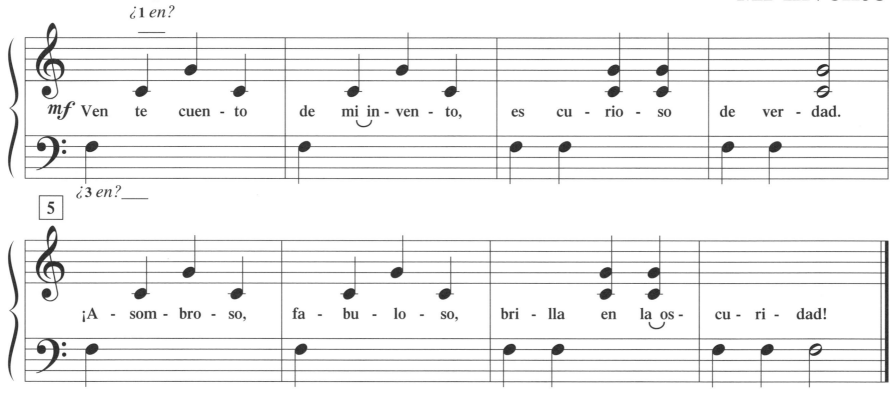

¿1 en?

Ven te cuen - to   de mi in - ven - to,   es cu - rio - so   de ver - dad.

¿3 en?

5

¡A - som - bro - so,   fa - bu - lo - so,   bri - lla en la os -   cu - ri - dad!

CREACIÓN Intenta componer una versión más larga de esta pieza, usando las notas **FA Bajo, DO Central y SOL Central**. Para terminar, imagínate que tu invento se rompe y deja de funcionar.

Acompañamiento para el profesor:

Cómo dibujar la clave de FA 𝄢:

Dibujar la clave de FA también es divertido.

- Sigue los siguientes pasos:

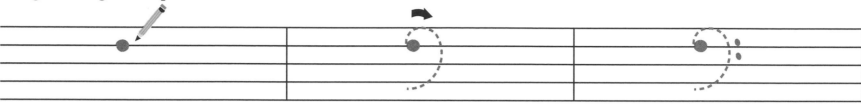

1. Dibuja un punto grande sobre la **cuarta línea** (la segunda línea desde arriba).

Dibuja una línea curva hacia la derecha. Pasa por la parte superior del pentagrama y después gira hacia abajo.

Dibuja un punto encima de la cuarta línea (la **línea de FA**) y otro debajo.

2. Ahora dibuja *cuatro* **claves de FA** sin ayuda. Repinta la **línea de FA** y toca FA en el piano.

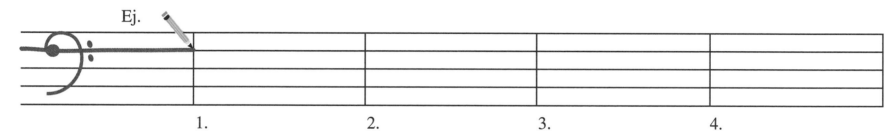

1.   2.   3.   4.

3. Dibuja una **clave de FA** o una **clave de SOL** pensando en la voz de cada animal. Pista: 𝄢 = sonidos graves, 𝄞 = sonidos agudos.

un pájaro cantor _____

un colibrí _____

un gorila _____

un león _____

un caballo _____

un gatito _____

El tiranosaurio Rex

Repaso:

- Copia este **FA Bajo**.

dibuja
↓

- Copia cada una de estas notas en el pentagrama de abajo.

  SOL Central
  DO Central
  FA Bajo

- Copia la canción de Rex en el pentagrama de abajo.
  No te olvides de incluir:

  - clave de SOL   - notas   - digitación
  - clave de FA   - matices   - barras de compás

Grande y lento

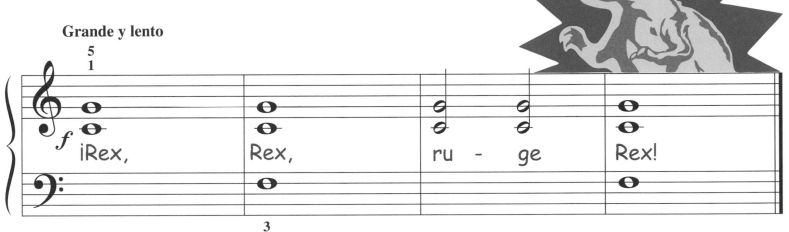

iRex,   Rex,   ru - ge   Rex!

Tu copia

- Toca la pieza MUY GRAVE en el piano, para que suene como el rugido de un dinosaurio.

- Punto extra: ¿puedes escribir la letra también?

¡Aprende RE-MI-FA!

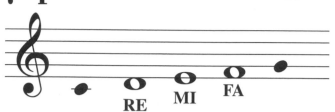

RE   MI   FA

- ¿Cuáles son las tres notas que se escriben entre el DO Central y el SOL Central?

- ¿Cuáles de estas notas se escriben en **espacios** y cuáles en **líneas**?

Como una marcha

Marcha en RE-MI-FA

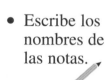
- Escribe los nombres de las notas.

Acompañamiento para el profesor:

46

Pasos en el pentagrama

hacia arriba   **hacia abajo**

línea - al siguiente espacio   espacio - a la siguiente línea

Pito, pito, colorito
Escala de DO de 5 dedos

• Encierra en un círculo la respuesta correcta en cada compás.

Música: Nancy Faber
Letra: rima tradicional de España

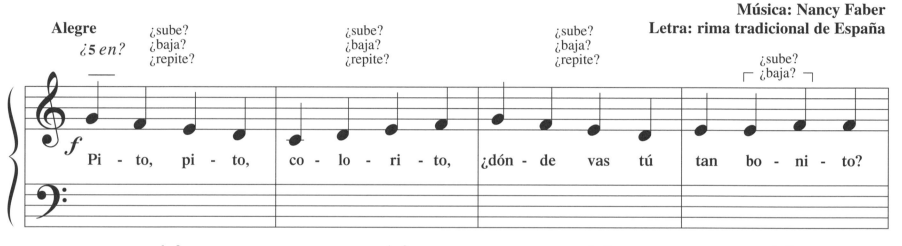

¿sube? ¿baja? ¿repite?

Alegre
¿5 en?

Pi - to, pi - to, co - lo - ri - to, ¿dón - de vas tú tan bo - ni - to?

5

¿sube? ¿baja? ¿repite?

A la es - cue - la ver - da - de - ra. ¡Pim, pom, fue - ra!

DESCUBRIMIENTO En el pentagrama se da un **PASO** de una **línea** al siguiente _____, o de un **espacio** a la siguiente _____.
Di en voz alta el nombre de cada una de las notas de esta pieza. ¿Cuál es la primera nota de la escala? _____

El signo de compás

(También conocido como indicación o cifra de compás).

$\frac{4}{4}$ Indica que hay **4 tiempos** (o pulsos) en cada compás.

$\frac{4}{4}$ Indica que la **negra** (♩) dura un tiempo.

* Encierra en un círculo el signo de compás de la siguiente pieza.
  ¿Cuántos tiempos tiene cada compás? _____

Tocando con la banda

Enérgico

¿1 en? ___

mf ¡Ven - gan   to - dos   a   bai - lar!   Ya   la   fies - ta   va a em - pe - zar.

¿3 en? ___

5

¡SOL,   FA,   MI,   RE,   DO,   con   la   ban - da   to - co   yo!

Acompañamiento para el profesor (el alumno toca *1 octava más alto*):

M.D.

M.I.

mf

¡final especial!

rit.

8va

Los ritmos de mi banda

Actividad rítmica en 4/4

Repaso:

• Llena los espacios. 🖊

4/4

4 tiempos en cada _____.

La negra ♩ dura _____ tiempo.

• Dibuja el **signo de compás** abajo.

• Escribe un ritmo de 4/4 en este compás.

Pista: los valores de las notas deben sumar **4 tiempos.**

1. Dibuja barras de compás después de cada **4 tiempos** y una doble barra al final.
Luego toca el ritmo en cualquier **RE**.

2. Todos estos compases están *incompletos*. Complétalos con una ♩, ♪ o ♩.
Toca el ritmo en cualquier **MI**.

3. Estos compases también están *incompletos*. Complétalos con una ♩, ♪ o ♩.
Toca el ritmo en cualquier **FA**.

49

Cambios en la posición de la mano:

En esta pieza la mano salta para **cambiar de posición** y subir por el teclado.
Los números que aparecen en *círculos* te ayudarán.

Para prepararte: toca **DO** con el dedo 2 de la M.D.

Salta a **RE** y luego a **MI** con el mismo dedo.

Pista: primero practica la canción lentamente como el
caracol y luego más rápido como la rana.

La ranita

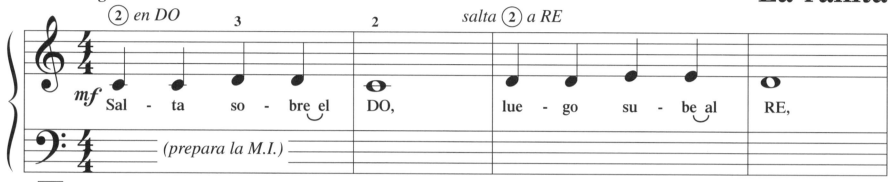

Alegre

② *en DO*   3   2   *salta* ② *a RE*

mf Sal - ta   so - bre el   DO,   lue - go   su - be al   RE,

(prepara la M.I.)

5

salta ② *a MI*   4   1

dio   un   sal - to al   a - gua y con el   rí - o   ya   se   fue.

¿*1 en?* __

 CREACIÓN Mientras tocas la canción la M.I. reposa sobre tus piernas.

Cuando llegues al **último compás**, haz un "salto de rana" con la M.I. y toca
de repente un DO MUY GRAVE.

Acompañamiento para el profesor:

M.D.

M.I.

mp

Técnica e interpretación, páginas 29, 30-31

Ritmos de ranita
Encuentra los ritmos incorrectos

Los siguientes ejemplos están en **4/4**. 🖊

- Dibuja una X sobre cada compás INCORRECTO.
  Pista: en los compases pueden *faltar* o *sobrar* tiempos.

Canción de cuna para ranitas
Improvisación sobre la escala de DO

ENTRENAMIENTO AUDITIVO

Improvisar significa crear en el momento.

1. Pon la M.D. sobre la **escala de DO de 5 dedos**.

2. Escucha con atención el acompañamiento.

3. Cuando estés listo, improvisa una "canción de cuna para ranitas".

4. Para terminar, toca cada vez más lentamente hasta parar en **DO**. Es medianoche y las ranitas se han quedado dormidas sobre los lirios de agua...

Acompañamiento para el profesor (el alumno toca en el *registro agudo*):

¡Aprende el SI!

línea   espacio

○ SI

La nota SI se encuentra un paso debajo del DO Central. **El SI se escribe en el espacio** que hay *encima* del pentagrama de la clave de FA.

• Encierra en un círculo todas las notas **SI** que encuentres en esta canción.

¡Vamos a jugar!

Con entusiasmo

¿3 en?

(prepara la M.D.)

f ¡Va - mos   a   ju - gar!   ¡A   co - rrer   y a   dis - fru - tar!

¿1 en?

5

¡So - mos   buen   e -   qui - po y   va - mos   a   ga -   nar!

DESCUBRIMIENTO   Practica diciendo el nombre de cada una de las notas. Si logras hacerlo correctamente en tu próxima clase, encierra en un círculo la pelota de béisbol.

Acompañamiento para el profesor:

mf

Repaso:

- Dibuja otro **SI** en la clave de **FA**.

- Dibuja estas notas en el pentagrama de abajo (repasa la página 45 si es necesario).

SOL Central
DO Central
FA Bajo

Notas de béisbol

Reconocimiento de notas nuevas

1. Colorea las pelotas de béisbol que contienen la nota **SI**. ¿Cuántas son? _____

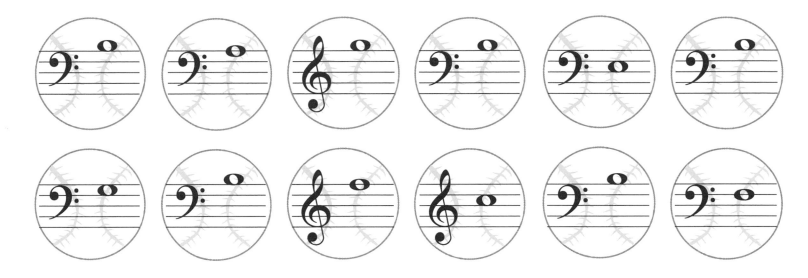

2. ¿Cuántas notas **SI** hay en cada una de estas melodías?

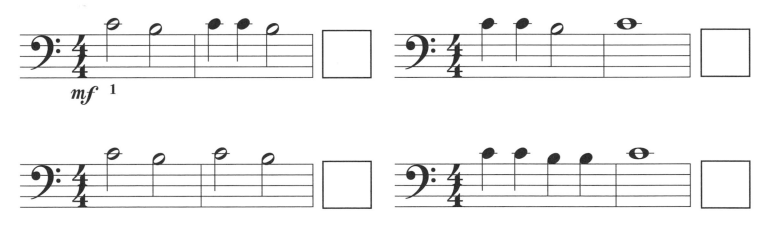

3. Lee a primera vista las melodías cortas del ejercicio anterior y conéctalas para crear una melodía larga.

53

Nuevo signo de compás

3 Indica que hay **3 tiempos** (o pulsos)
en cada compás.

4 Indica que la **negra** dura un tiempo.

- Encierra en un círculo el signo de
  compás de esta canción.

Pequeño minué

*Un minué (minuet o minueto)
es una danza escrita en* $\frac{3}{4}$.

Moderado

*¡Nueva posición
de la M.D.!*   *¿1 en?* ___

Ha - go la   ve -   nia y   mue - vo   los   pies.   A -

¿1 en? ___

5

sí   bai - la -   ré   yo   es -   te   mi -   nué.

1

DESCUBRIMIENTO El siguiente **patrón rítmico** aparece tres veces en esta canción: ♩ ♩ ♩ | ♩ ♩
Enciérralo en un círculo cada vez que aparece.

Acompañamiento para el profesor (el alumno toca *1 octava más alto*)**:**

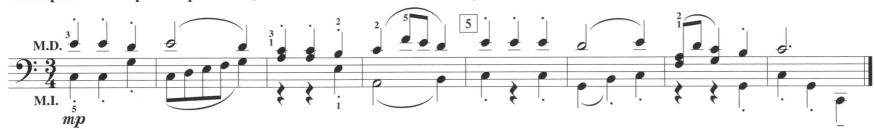

M.D.

M.I.
mp

Adivina el compás

Repaso:

- Llena los espacios. ✏

$\dfrac{3}{4}$ tiempos en cada
_____.

La negra ♩ dura
_____ tiempo.

- Dibuja el **signo de compás** abajo.

- Escribe un ritmo de $\frac{3}{4}$ en este compás.

Pista: los valores de las notas deben sumar **3 tiempos.**

- Escribe el **signo de compás** correspondiente a cada ejemplo: $\frac{3}{4}$ o $\frac{4}{4}$.

- Toca cada ritmo y cuenta en voz alta.

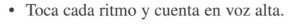

¡Es $\frac{3}{4}$!

¡Es $\frac{4}{4}$!

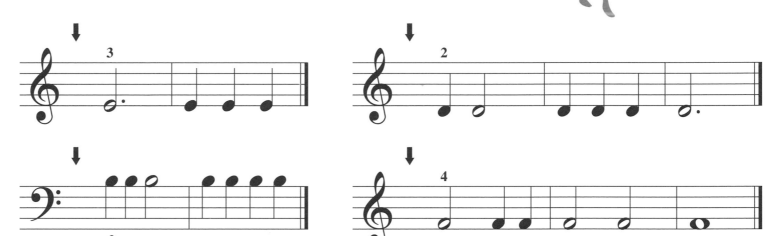

Tu profesor tocará un ejemplo corto. Encierra en un círculo la indicación de compás que le corresponde.

Pista: ¿es más fácil contar "1 2 3, 1 2 3" o "1 2 3 4, 1 2 3 4"?

1. $\dfrac{3}{4}$ o $\dfrac{4}{4}$ 2. $\dfrac{3}{4}$ o $\dfrac{4}{4}$ 3. $\dfrac{3}{4}$ o $\dfrac{4}{4}$ 4. $\dfrac{3}{4}$ o $\dfrac{4}{4}$

Para uso exclusivo del profesor: los ejemplos se pueden tocar en cualquier orden.

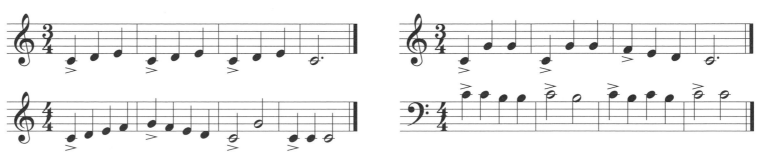

55

¡Aprende el LA!

línea espacio línea LA

El LA se escribe sobre una línea: la *línea más alta* del pentagrama de la clave de FA.

- Encierra en círculos todas las notas **LA** que encuentres en esta canción.

Carnaval

Alegre

(prepara la M.D.)

¿**3** en?____

mf Car - na - val, car - na - val, vá - mo - nos al car - na - val.

¿**1** en?____

5

Con ma - ra - cas, con tam - bo - res, ¡ven a ce - le - brar!

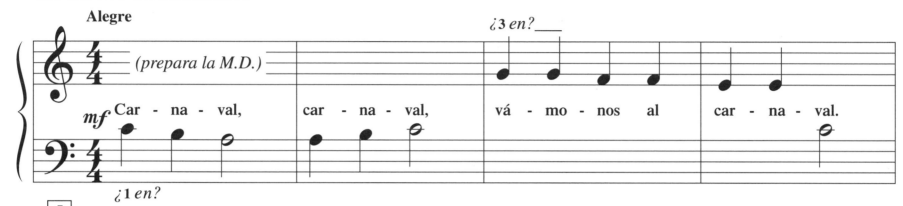

DESCUBRIMIENTO Encierra en círculos todas las notas repetidas.
Luego, di en voz alta el nombre de cada una de las notas de esta canción.

Acompañamiento para el profesor (el alumno toca *1 octava más alto*):

M.D.

M.I. mf

Técnica e interpretación, página 32

Consejo para la lectura:

En cada compás, muéstrale a tu profesor donde la música da un **paso hacia arriba**, un **paso hacia abajo** o donde **repite**.

Ronda del abedul

Melodía tradicional de Rusia

Rápido

¿3 en?___

¿1 en?
___

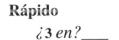

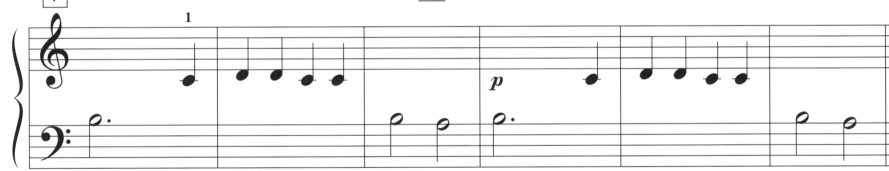

 Toca la canción en un registro GRAVE, *muy len-ta-men-te*, como si un viejito estuviera bailando. (*Con el acompañamiento 1 octava más alto*).

Toca la canción DONDE ESTÁ ESCRITA, en un tiempo *moderado*, como si un adolescente estuviera bailando. (*Con el acompañamiento muy alto en el piano*).

Toca la canción en un registro MUY AGUDO, *rápido*, imaginando que bailan un niño y una niña. (*Con el acompañamiento 1 o 2 octavas más alto*).

Acompañamiento para el profesor (el alumno toca *1 octava más alto*):

¡Aprende el SOL!

línea espacio línea espacio

La nota SOL se escribe en el cuarto espacio (el espacio más alto) del pentagrama de la clave de FA.

- Encierra en círculos todas las notas **SOL** en esta canción.

¡Ven a ver el desfile!

Animado

¿5 en? ___
¿1 en? ___

f

5

mf Hay des - fi - le en | la ciu - dad, | ¡va - mos a mar - | char!

¿1 en? ___

Técnica e interpretación, páginas 34-35

9 El tam - bor lle - va el com - pás, ¡ven a dis - fru - tar!

13

CREACIÓN Invéntate un final especial: con los dedos 1 y 5 de la M.D. juntos, toca un ritmo corto en el **DO Central** y el **SOL Central**. Luego repítelo más alto en el piano, imaginando que el desfile se aleja y desaparece.

Acompañamiento para el profesor (el alumno toca *1 octava más alto*):

Repaso:

- Copia este **SOL** en la clave de **FA**.

dibuja ↓

- Dibuja estas notas en el pentagrama de abajo. (Repaso en la página 45).

SOL Central
DO Central
FA Bajo

↓

Desfile en la clave de FA

Refuerzo de lectura

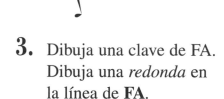

1. Dibuja una clave de FA. Luego dibuja una *redonda* en el espacio de **SOL**.

2. Dibuja una clave de FA. Dibuja una *redonda* en la línea de **LA**.

3. Dibuja una clave de FA. Dibuja una *redonda* en la línea de **FA**.

4. Dibuja una clave de FA. Dibuja dos *negras* en **SI**.

5. Dibuja una clave de FA. Dibuja tres *negras* en la línea de **LA**.

6. Dibuja una clave de FA. Dibuja dos *blancas* en **SI**.

7. Dibuja una clave de FA. Dibuja dos *blancas* en el espacio de **SOL**.

Recuerda: tocar a primera vista significa tocar algo que nunca has visto antes. Estos tres pasos te ayudarán a hacerlo correctamente:

1. COLOCAR LA MANO EN LA POSICIÓN CORRECTA

Encuentra la primera nota de la pieza.

2. CONTEO

Cuenta o marca un pulso estable antes de comenzar. Por ejemplo: "un, dos, tres, ¡y!"

3. CONCENTRACIÓN

Enfócate en las notas y siente el pulso estable.

Dos melodías para el desfile

- En cada línea, encierra en un círculo el compás que **contiene las notas indicadas al comienzo.**

- Lee sin parar todos los compases de cada línea y tendrás dos canciones para el desfile.

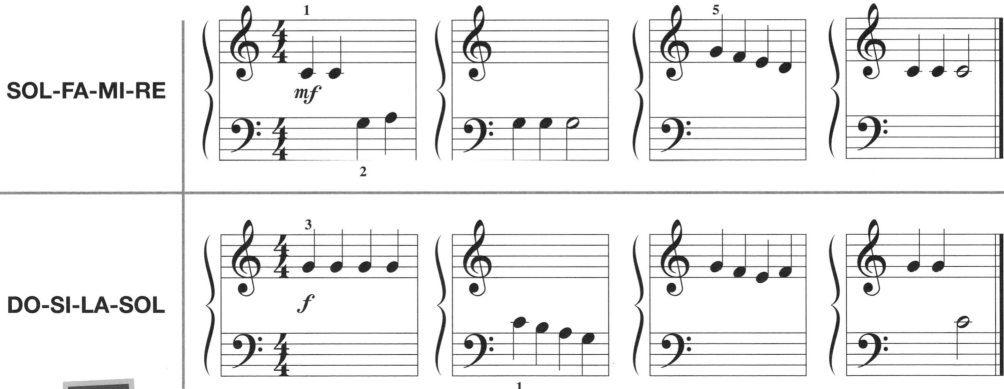

Tu profesor tocará **un compás** de cada línea. *Escucha atentamente* y encierra en un círculo el compás que oigas.

Saltos en el teclado

Para dar un **SALTO** en el teclado...

salta
una tecla

salta
un dedo
3
1

salta
una nota

DO RE MI

En el pentagrama, el **SALTO** se escribe de una **LÍNEA** a la **siguiente LÍNEA**.

hacia arriba   **hacia abajo**

¡Mírame saltar!

Tradicional
adaptación

Brillante

¡Ven,   ven   a   brin - car,   por   las   te - clas   sin   du - dar!
¡Mi -   ra   co - mo   yo,   sal - to y   to - co   SOL   MI   DO!

DESCUBRIMIENTO Toca esta canción comenzando con el *pulgar derecho* en otras teclas blancas: **RE, MI, FA, SOL, LA, SI** y **DO**. ¡Imagínate que das saltos por el teclado!

Acompañamiento para el profesor (el alumno toca *1 octava más alto*):

Presta atención:

Fíjate que la **M.D.**, empieza con el *pulgar* y da un salto HACIA ARRIBA.

La **M.I.**, empieza con el *pulgar* y da un salto HACIA ABAJO.

Allegro

(*Allegro* significa alegre en italiano).

Mauro Giuliani
(1781–1829, Italia)
adaptación

DESCUBRIMIENTO Encuentra por lo menos *ocho* **saltos** en esta pieza y enciérralos en círculos.
Pista: ¡no te olvides de buscarlos también a través de las barras de compás!

Acompañamiento para el profesor (el alumno toca *1 octava más alto*):

63

Más saltos en el teclado

Repaso: un salto va de una **línea** a la **siguiente línea**.

AHORA: también se da un salto de un **ESPACIO** al **siguiente ESPACIO**.

hacia arriba **hacia abajo**

El elefante gris

Alegre   ¿2 en?

mf Cuan - do   tie - ne   mu - cha   sed   mi e - le - fan - te   gris,

5   ¿4 en?

va   al   rí - o y   be - be   a - gua   con   su   gran   na - riz.

DESCUBRIMIENTO Encierra en círculos los compases iguales al **primer compás**. Diviértete tocando la canción MUY GRAVE y *forte*. (Acompañamiento para el profesor en la siguiente página. Se debe tocar en el *registro agudo*).

Notas de elefante

1. Escribe un **salto** hacia ARRIBA desde cada elefante.

2. Dibuja un **salto** desde cada "nota–elefante". Luego escribe los nombres de ambas notas.

Ej. SOL SI

3. Encierra en círculos los *seis* **saltos** de esta melodía para la M.I. Luego léela a primera vista con acompañamiento.

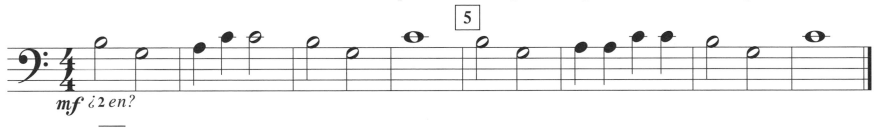

mf ¿2 en?

Acompañamiento para las páginas 64 y 65 (el alumno toca *1 octava más alto*):

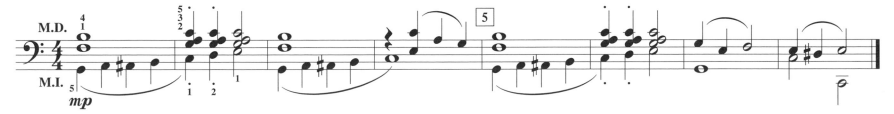

Introducción de Yankee Doodle

- Toca la **introducción** l-e-n-t-a-m-e-n-t-e con un sonido profundo y usando pedal. Tu profesor te guiará.

- Cuando llegues al *quinto compás*, levanta el pedal y toca con un sonido brillante.

Yankee Doodle

Canción tradicional de los Estados Unidos

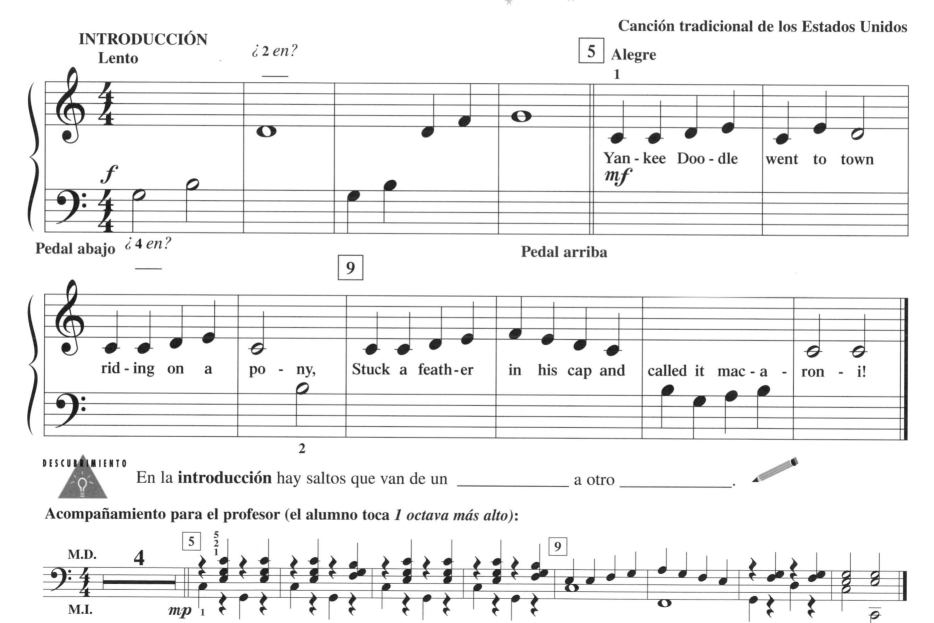

INTRODUCCIÓN
Lento

¿2 en?

5 Alegre

Yan - kee Doo - dle   went to town
mf

Pedal abajo   ¿4 en?

Pedal arriba

9

rid - ing on a   po - ny,   Stuck a feath-er   in his cap and   called it mac-a - ron - i!

2

DESCUBRIMIENTO

En la **introducción** hay saltos que van de un _____ a otro _____.

Acompañamiento para el profesor (el alumno toca *1 octava más alto*):

M.D.   4   **5**
M.I.   *mp*   **9**

Técnica e interpretación, páginas 38-39, 40-41

Juego de saltos

1. Dibuja **saltos** siguiendo los nombres de las notas.
   Si lo haces correctamente terminarás en la estrella.

2. Toca los saltos en el piano. ¡Fíjate en los cambios de clave!

Pista: dibuja tú mismo la
línea del DO Central.

Ejemplo: **DO - MI**

DO - MI - SOL

RE - FA - RE

DO - LA

SI - SOL - SI

LA - FA - LA

¡Fíjate en la clave!

SOL - MI - DO

MI - SOL - MI

SOL - SI - SOL

Escala de DO de 5 dedos en la clave de FA

Canta mi burrito

NUEVA   NUEVA   NUEVA

espacio   línea   espacio   línea   espacio

DO   RE   MI   FA   SOL Bajos

Moderado

Tradicional

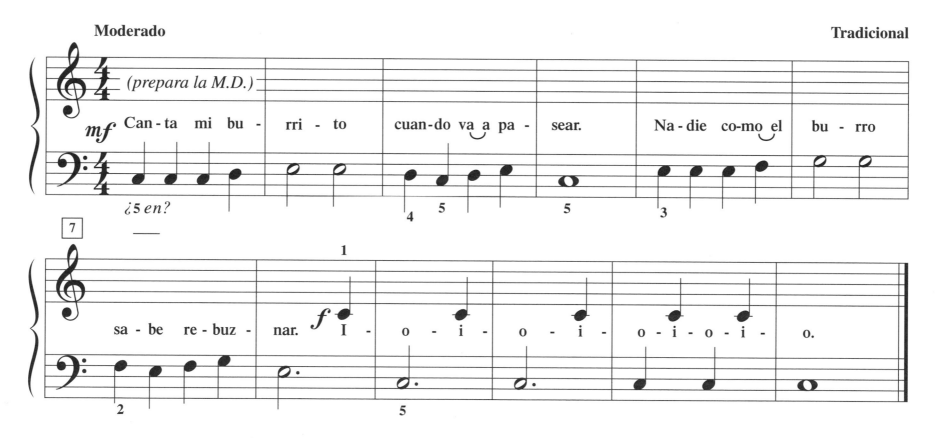

(prepara la M.D.)

mf Can - ta mi bu - rri - to cuan-do va a pa - sear. Na - die co-mo el bu - rro

¿5 en?   ___   4 5   5   3

7

sa - be re-buz - nar. f I - o - i - o - i - o - i - o - i - o.

2   1   5

DESCUBRIMIENTO Di en voz alta los nombres de las notas del primer sistema.

68

La octava

La distancia entre el DO Central y el DO Bajo es de **8 notas**.
Esta distancia se llama **octava**.

- Practica el salto del DO Central al DO Bajo, con los dedos
  1 y 5 de la M.I. ¡Salta sin estirar los dedos!

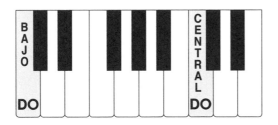

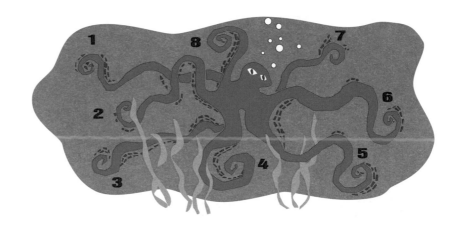

El pulpo Octavio

Juguetón

mf

O - cho pies   ten - go yo,   Soy el pul - po Oc - ta - vi - o.

1   5

5 ¡Cuenta las patas del pulpo!

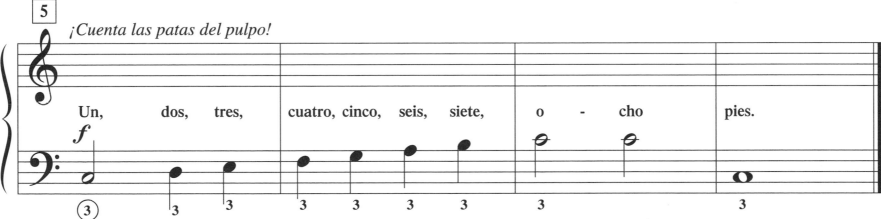

f

Un,   dos,   tres,   cuatro, cinco, seis, siete,   o - cho   pies.

③

3   3   3   3   3   3   3   3

*Pon el pulgar detrás
del dedo 3 como soporte.*

69

Presta atención:

Encierra en círculos los dos **saltos** que aparecen en el último sistema. Pista: no olvides buscarlos también entre un compás y el siguiente.

Mi hermanito

Escala de _____ de 5 dedos

Alegre

¿*5 en?*

f   To - do   lo   que   hi - ce   yo,   mi her - ma - ni - to   lo   co - pió.

(prepara la M.I.)

¿*1 en?*

5

p   ¿Her - ma - ni - to,   có - mo   vas?   "¡Es   muy   fá - cil,   quie - ro   más!"

Acompañamiento para el profesor (el alumno toca *1 octava más alto*):

Técnica e interpretación, página 42

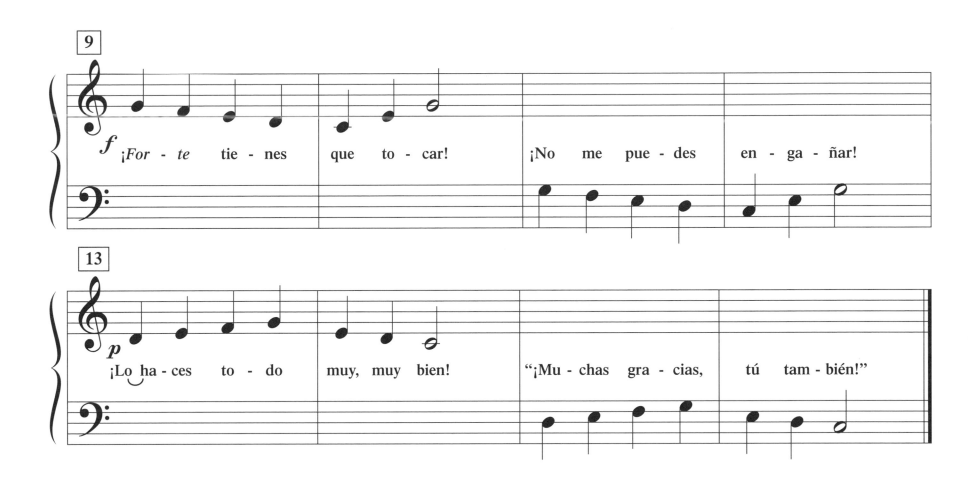

CREACIÓN 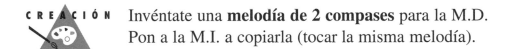 Invéntate una **melodía de 2 compases** para la M.D.
Pon a la M.I. a copiarla (tocar la misma melodía).

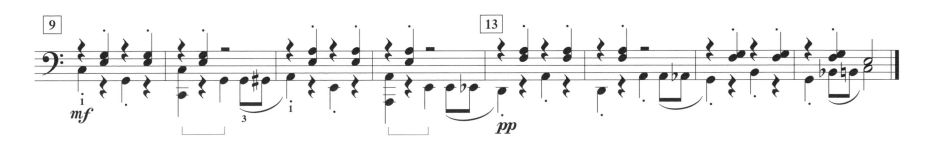

71

¿Qué compro?
Preguntas y respuestas musicales

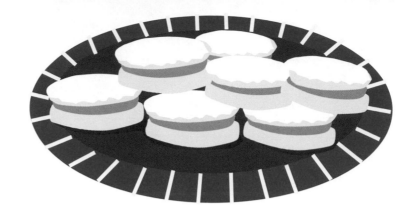

Tradicional
adaptación

Alegre

Pregunta

(prepara la M.D.)

mf ¿Qué com - pro, qué com - pro, a - bue - li - ta di - me tú?
¿Qué com - pro, qué com - pro, pa - ra ha - cer un al - fa - jor?

¿1 en?__   1

Respuesta

5

¿5 en?__   5   3 2 1

¡Nue - ces mos - ca - das y fru - tas pa - ra tu me - nú!
¡Dul - ce de le - che y ha - ri - na blan - ca por fa - vor!

1   1 2 3
5

Acompañamiento para el profesor (el alumno toca *1 octava más alto*):

M.D. 1   5

M.I. 2 *mp con pedal*

Técnica e interpretación, página 43

Pregunta musical

Melodía corta que NO termina en la primera nota de la escala. En la **escala de DO de 5 dedos**, la primera nota es DO.

Respuesta semejante

Una melodía que responde empezando IGUAL a la pregunta, pero después cambia y termina en la primera nota de la escala.

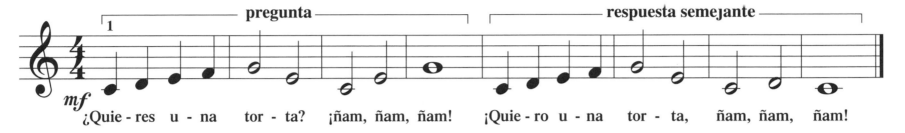

pregunta — respuesta semejante

¿Quie - res u - na tor - ta? ¡ñam, ñam, ñam! ¡Quie - ro u - na tor - ta, ñam, ñam, ñam!

Respuesta contrastante

Una melodía que responde empezando DIFERENTE a la pregunta y termina en la primera nota de la escala.

pregunta — respuesta contrastante

¿Quie - res u - na tor - ta? ¡ñam, ñam, ñam! ¡Quie - ro u - na tor - ta, ñam, ñam, ñam!

CREACIÓN En la canción ¿*Qué compro?* hay una respuesta semejante (*compases 5-8*).

¿Puedes componer tu propia **respuesta semejante**, cambiando los *compases 7-8?*

¿Puedes componer una **respuesta contrastante**?

1. Encierra en un círculo la respuesta correcta: "**paso**" o "**salto**".

2. Copia cada ejemplo lo más claro posible.

3. Escribe los nombres de las notas.

¡Cópiame!
Pasos y saltos en la escala de DO de 5 dedos

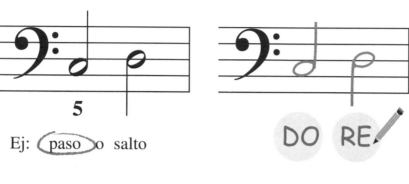

5

Ej: (paso) o salto

DO RE

5

paso   o salto

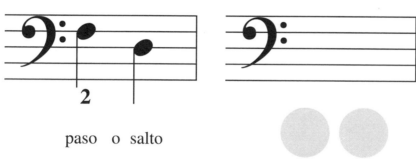

2

paso   o salto

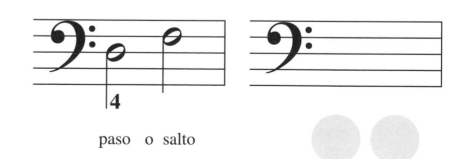

4

paso   o salto

3

paso   o salto

4

paso   o salto

4. Toca estos **pasos** y **saltos** en el piano.

Preguntas y respuestas

- Toca cada pregunta musical y su respuesta correspondiente. Luego encierra en un círculo **"semejante"** o **"contrastante"** en cada respuesta.

Preguntas musicales

Respuestas musicales

semejante / contrastante

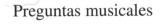

semejante / contrastante

semejante / contrastante

ENTRENAMIENTO
AUDITIVO

Tu profesor tocará una pregunta y una respuesta. Escucha con atención y encierra en un círculo la respuesta correcta: **semejante** o **contrastante**.

1. **semejante / contrastante**   2. **semejante / contrastante**   3. **semejante / contrastante**

Para uso exclusivo del profesor: toque las siguientes preguntas e improvise respuestas semejantes o contrastantes.

La ligadura de prolongación

Una **ligadura** es una línea curva que conecta dos notas que se encuentran en la misma línea o espacio.

La ligadura de prolongación nos indica que la nota se toca *una vez,* pero se sostiene y se debe escuchar por la duración combinada de las dos notas ligadas.

ligadura

Presta atención:

¿Puedes marcar el ritmo de esta pieza sobre la *tapa cerrada del piano*, contando en voz alta: **"1 - 2 - 3"** con tu profesor? ¡Asegúrate de usar la mano correcta!

Duérmete niño

Escala de_____ de 5 dedos

Tranquilo

¿5 en?

mf Duér - me - te   ni - ño,   voy   a   con - tar

¿1 en?

Acompañamiento para el profesor (el alumno toca *1 octava más alto*):

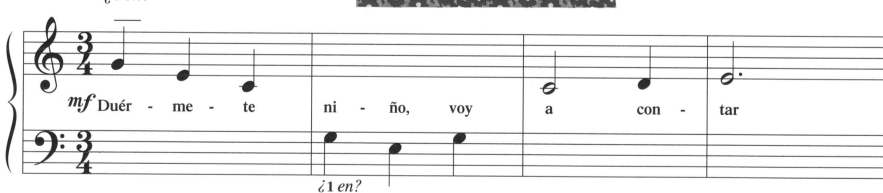

M.D.   5   M.I.   mp

ma – ri – po – si – tas pa – sar.

Duér – me – te pron – to mi co – ra – zón,

mi ro – sa – li – to en flor.

DESCUBRIMIENTO

Los *compases 1-8* de esta pieza son una pregunta musical. ¿La respuesta musical de los *compases 9-16* es **semejante** o **contrastante**?

Presta atención:

- Encierra en un círculo cada **ligadura de prolongación** que encuentres en esta pieza.

- Tu profesor marcará el ritmo de los *compases 1 y 2*. Escucha y repítelo.

Mis amigos

Escala de _____ de 5 dedos

Animado
¿1 en?

Mar - ta, Jo - sé y ___ Si - món, muy di - ver - ti - dos son,
Pe - dro, San - tia - go y Juan, siem - pre en el par - que es - tán,

(prepara la M.I.)

¡con mis a - mi - gos yo voy a ju - gar!
¡con mis a - mi - gos me gus - ta ju - gar!

¿1 en?

DESCUBRIMIENTO Los *compases 1-4* forman una pregunta musical. ¿La respuesta es **semejante** o **contrastante**?

Acompañamiento para el profesor (el alumno toca *1 octava más alto*):

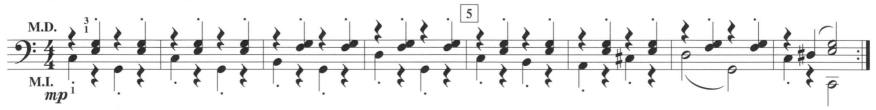

Técnica e interpretación, página 46

Sonidos especiales de campanas

- Mantén el **pedal derecho** presionado durante toda la pieza.

- A partir del compás 9, levanta la muñeca lentamente y con elegancia entre un compás y otro.

Las campanas del reloj

Escala de _____ de 5 dedos

Melodía tradicional de Inglaterra

Estable y con júbilo

¿3 en?

Repite **p**.

f-**p** al repetir

¿1 en?___
¿5 en?___

Toca 1 octava
MÁS ALTO

Toca 2 octavas
MÁS ALTO - - - - - - - -

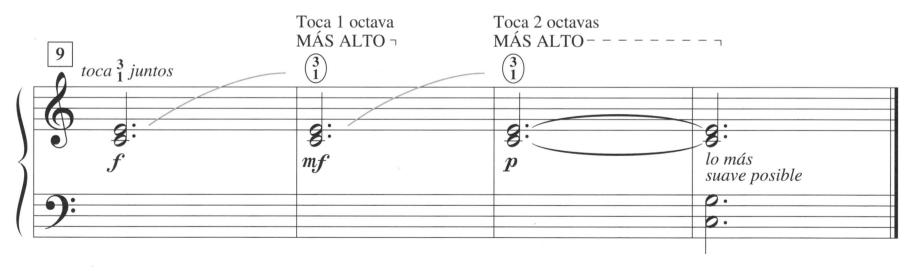

9 toca ³₁ juntos

f

mf

p

lo más
suave posible

CREACIÓN Mantén el pedal derecho presionado y toca **saltos** con los **dedos 1** y **3** de la M.D. juntos.
Hazlo en el *registro agudo* del piano y escucha los sonidos de las campanas.

Sonidos de campanas
Conteo de ligaduras

1. Une las notas de cada campana con una **ligadura de prolongación**.
Escribe la suma de los tiempos o pulsos por cada ligadura.

_____ tiempos   _____ tiempos   _____ tiempos   _____ tiempos   _____ tiempos

2. Copia cada ritmo en el recuadro. Incluye las barras y el signo de compás.
Luego, ¡marca el ritmo!

¡Copia el ritmo!

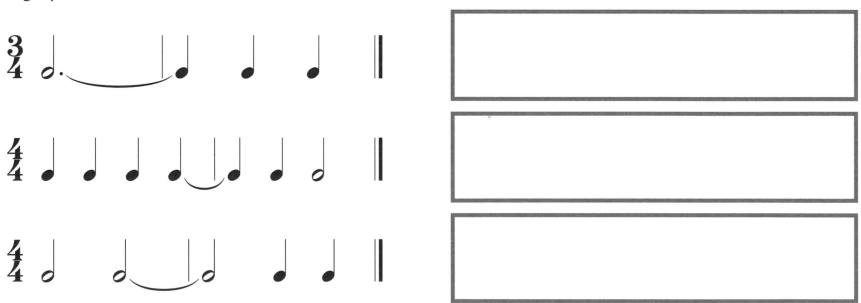

- Marca cada compás incorrecto con una X grande.

    Pista: en los compases pueden *faltar* o *sobrar* tiempos.

Compases incorrectos
¡Cuenta los tiempos o pulsos!

1. Pon la M.I., en la escala de DO CENTRAL de 5 dedos y cierra los ojos. Tu profesor tocará notas en la escala de DO GRAVE.

2. *Escucha* y toca lo que oigas.

¡Todo oídos!
Entrenamiento auditivo
con la ligadura de prolongación

Para uso exclusivo del profesor: tocar 1 octava más bajo. Los ejemplos se pueden repetir varias veces.
El profesor puede añadir sus propios ejemplos.

Lento

Lento

Moderado

Lento

Lento

Moderado

El estudiante debe comenzar con el pulgar.

El silencio de negra

En la música a menudo hay momentos de silencio. Estas pausas se indican con signos que llamamos **silencios**.

𝄽 = **1 tiempo de silencio**

- Marca el ritmo de la siguiente ronda con tu profesor. En los silencios, **siente el pulso** volteando las palmas de las manos hacia arriba. (Omite la sílaba que cantarías donde cae el silencio).

Los   ma - de - ros   de San Juan,

¡pi - den   que - so y no les dan!

Los   ma - de - ros   𝄽 San Juan,

¡pi - den   que - so y 𝄽 les dan!

Los   ma - de - ros   𝄽 𝄽 Juan,

¡pi - den   que - so y 𝄽 𝄽 dan!

Los   ma - de - ros   𝄽 𝄽 𝄽,

¡pi - den   que - so y 𝄽 𝄽 𝄽!

Los maderos de San Juan

Música: Nancy Faber
Letra: extracto de la ronda *Aserrín, aserrán*

Firme

¿1 en?

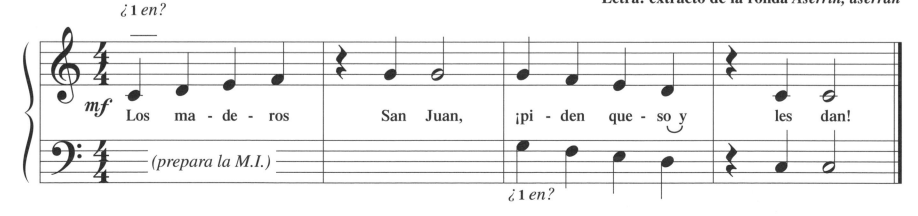

Los   ma - de - ros   San Juan,   ¡pi - den   que - so y   les   dan!

(prepara la M.I.)

¿1 en?

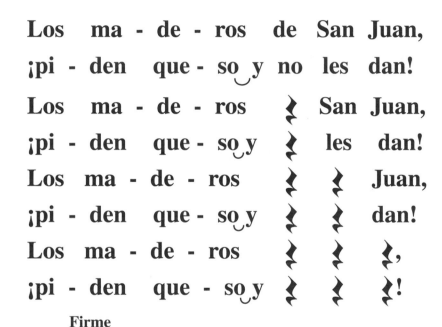

¿Princesa o monstruo?

Versión alternativa de monstruo:
Verso 1: *Este es el monstruo…*
Verso 2: *Vive en su caverna…*

Cuando toques sin acompañamiento, hazlo GRAVE y LENTAMENTE.

¡Tú escoges!

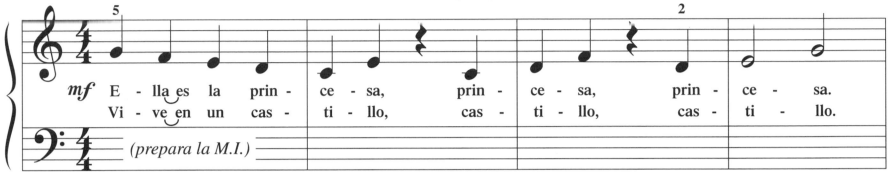

E - lla es la prin - ce - sa, prin - ce - sa, prin - ce - sa.
Vi - ve en un cas - ti - llo, cas - ti - llo, cas - ti - llo.

(prepara la M.I.)

E - lla es la prin - ce - sa del rei - no de DO.
Vi - ve en un cas - ti - llo, muy le - jos de a - quí.

Acompañamiento para la princesa (el alumno toca *1 octava más alto*):

M.D.
M.I. *mp*

Acompañamiento para el monstruo (el alumno toca *como está escrito*):

M.D.
M.I.
mf

1. 3.
2. 4.
D.C.

Técnica e interpretación, páginas 50, 51

Suenan las cornetas

Escala de _____ de 5 dedos

INTRODUCCIÓN

Marcha enérgica

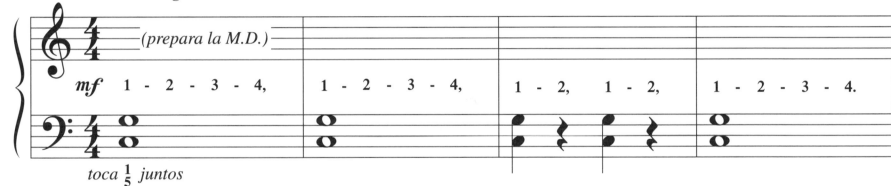

(prepara la M.D.)

mf 1 - 2 - 3 - 4,   1 - 2 - 3 - 4,   1 - 2,   1 - 2,   1 - 2 - 3 - 4.

toca $\frac{1}{5}$ *juntos*

5 **PREGUNTA MUSICAL**

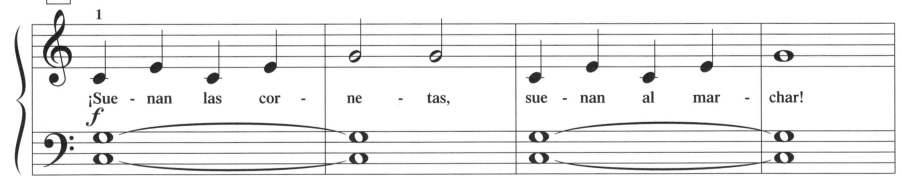

¡Sue - nan   las   cor - ne - tas,   sue - nan   al   mar - char!

f

Técnica e interpretación, páginas 52-53, 54-55

9 **¿RESPUESTA SIMILAR O CONTRASTANTE?** (encierra en un círculo la respuesta correcta).

¡Ya lle-gó la ban - da, vie-ne a des - fi - lar!

Toca **3** veces, cada vez más suave. *En cada repetición, toca las notas de la M.I., una octava más bajo.*

13 **FINAL**

Repite desde aquí.

1 - 2 - 3 - 4, 1 - 2 - 3 - 4, 1 - 2, 1 - 2, 1 - 2 - 3 - 4.

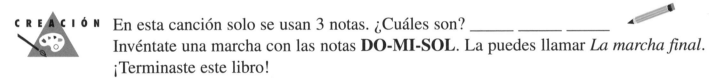

CREACIÓN En esta canción solo se usan 3 notas. ¿Cuáles son? _____ _____ _____

Invéntate una marcha con las notas **DO-MI-SOL**. La puedes llamar *La marcha final*.

¡Terminaste este libro!

Acompañamiento para el profesor:

¡Celebra todo lo que sabes!

Ritmo

1. Dibuja una **negra**   **blanca**   **blanca con puntillo**   **redonda**

Cuenta: _____   _____   _____   _____

2. Encierra en un círculo el **signo de compás** correcto.

$\frac{3}{4}$ o $\frac{4}{4}$ $\frac{3}{4}$ o $\frac{4}{4}$ $\frac{3}{4}$ o $\frac{4}{4}$ $\frac{3}{4}$ o $\frac{4}{4}$

3. Invéntate tu propio ritmo en $\frac{4}{4}$ y escríbelo en estos *cuatro* compases. Márcalo o tócalo en cualquier tecla.

$\frac{4}{4}$

Lectura

4. Encierra en un círculo la respuesta correcta.

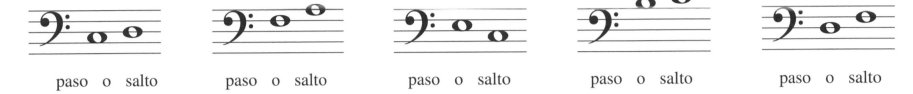

paso o salto   paso o salto   paso o salto   paso o salto   paso o salto

5. Escribe la **escala de DO de 5 dedos** en *redondas*. Debajo escribe los nombres de las notas.

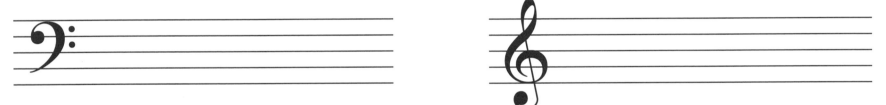

_____ _____ _____ _____ _____ Bajos   _____ _____ _____ _____ _____ Centrales

Términos y Símbolos

6. Conecta con una línea cada término con su significado.

octava

ligadura de prolongación

silencio de negra

pedal de resonancia

allegro

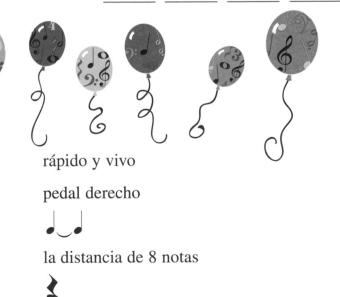

rápido y vivo

pedal derecho

♩‿♩

la distancia de 8 notas

𝄽

Diploma de Piano Adventures®

Felicitaciones a:

_____

(Escribe tu nombre)

Has terminado el NIVEL 1 y estás listo para el NIVEL 2.

**LECCIONES
Y TEORÍA**

**TÉCNICA
E INTERPRETACIÓN**

Profesor:_____

Fecha:_____